Til Toril
fra Kaja's

SEKS FOT UNDER

Pegasus-serien
Hittil utkommet:

Atle Kittang: Ibsens heroisme. 2002

Ståle Dingstad: Hamsuns strategier. 2003

Per Mæleng: Jonas Lies marginalia. 2003

Jan Inge Sørbø: Kielland som melodramatikar. 2005

Henrik H. Langeland: Av sporet er du kommet.
Romlige fremstillinger hos Marcel Proust. 2006

Kjell Ivar Skjerdingstad: Skyggebilder.
Tarjei Vesaas og det sanselige språket. 2007

Janike Kampevold Larsen: Å være vann i vannet.
Forestilling og virkelighet i Tor Ulvens forfatterskap. 2008

Elisabeth Beanca Halvorsen: Piker, Wien og klagesang.
Om Elfriede Jelineks forfatterskap. 2010

KAJA SCHJERVEN MOLLERIN

SEKS FOT UNDER

Et essay om Hans Herbjørnsruds
forfatterskap

GYLDENDAL

© Gyldendal Norsk Forlag AS 2011

www.gyldendal.no

Printed in Latvia
Trykk/innbinding: Livonia Print Ltd
Sats: Type-it AS, Trondheim 2010
Papir: 100 g Munken Premium Cream 1,3
Boken er satt med 11,5/14.8 pkt. Sabon
Omslagsdesign: Inger Sandved Anfinsen / KOBOLT Design
Forsidefoto: Trude Rønnestad

ISBN 978-82-05-41188-3

Forfatteren har mottatt støtte fra Norsk faglitterær forfatter-
og oversetterforening og Institusjonen Fritt Ord.

Pegasus-serien er redigert av Irene Engelstad

I denne boka refererer jeg til sekundærkilder og annen relevant litteratur på denne måten: De titlene som finnes på norsk, gjengir og siterer jeg på norsk (jeg har gjort enkelte unntak for skjønnlitterære tekster: Shakespeare og T.S. Eliot siteres begge på engelsk, Selma Lagerlöf på svensk). De titlene som ikke finnes på norsk, gjengir jeg i det store og hele på originalspråket. Årstall for originalutgivelse og utgaven jeg bruker, er oppført i litteraturlisten bakerst i boka. Når det gjelder Hans Herbjørnsruds tekster, forholder jeg meg til *Samlede noveller* (2003), som rommer Herbjørnsruds seks første samlinger, og *Brønnene* (2006), som da altså ikke er inkludert i samleutgivelsen. Bak i boka finnes også en oversikt over Herbjørnsruds forfatterskap, med hvilke noveller som inngår i hvilke bøker.

INNHOLD

EN RAGGET ULVERYGG

Siden sa Kain til sin bror Abel: «Kom, så går vi ut på mar-
ken!» Og mens de var der ute, fór Kain løs på sin bror Abel
og slo ham i hjel.

(1. Mos 4, 8)

Som leser opplever man av og til at enkelte formuleringer,
enkelte setninger, liksom strekker seg mot en og ber om å bli
husket. Du leser en bok, og husker etter hvert ingenting annet
enn akkurat den ene formuleringen. Selv forbinder jeg Hans
Herbjørnsruds forfatterskap med en slik opplevelse. Jeg hadde
lest tittelnovellen i *Blinddøra*, og oppdaget etter noen måneder
at jeg knapt nok husket noe av novellens relativt oppsiktsvek-
kende plott, nesten ingenting av historien om den igjenlåste
døra i fortellerens stue som viser seg å skjule restene av et uekte-
født spedbarn og en gammel gårdsarbeider, ingenting av den
uhyggelige dobbeltgjengerrelasjonen mellom fortelleren og den
mystiske Valund, ingenting av oldefarens ugjerninger, ingenting
av familiens kollektive fortrengning – bare denne ene setningen
var igjen: «Fremdeles ser jeg åskammen med Valunds øyne som
en ragget ulverygg» (Herbjørnsrud 2003: 463). Jeg er ganske
sikker på at jeg den gang bare syntes formuleringen var urovek-
kende. Etter å ha lest novellen, og forfatterskapet, på nytt – ja,
fra etterpåklokskapens privilegerte sted – tenker jeg at formule-

7

ringen er symptomatisk for et forfatterskap som kan få leseren til å utbryte for seg selv: Hvilket mørke hviler ikke over dette universet? Setningen sier en god del om de ulike karakterenes forhold til omgivelsene, om hvor truende verden fortoner seg for dem. For om det finnes én felles erfaring for Herbjørnsruds forskjellige litterære karakterer, så er det at den verden de lever i, er et forferdelig sted. Gang på gang erfarer de at selv alt det man i utgangspunktet forbinder med en fredelig og harmonisk verden – jeg tenker for eksempel på morgendugg, lyden av gress-hopper, synet av en solfylt himmel og, kanskje, en åskam i det fjerne – alltid også har et annet, skremmende ansikt:

> Morgendogga i solskinn så [Valund] som glass-splinter i gra-set, og så nysett og overbevisende virket det at jeg ikke turde gå barbeint over tunet. Grashoppelåten i slåtteenga hørte han som lyden av en symaskin. Himmelen var et øyeeple og skyene øye-lokk og sola pupill. Fremdeles ser jeg åskammen med Valunds øyne som en ragget ulverygg.

Så er det da også et svært voldelig og bestialsk univers Her-bjørnsrud presenterer leseren for. Novellene er fylt til randen av nabokonflikter, brodermord, knokler og skjelettrester, og befolkes av karakterer som verken makter å forsone seg med omgivelsene eller med fortiden. Ut av ingenting kan det komme et knytteneveslag, ut av ingenting kan noen drepe, ut av ingen-ting kan fortiden overfalle, ta kontroll over folks liv. Det hevdes, med rette, at Herbjørnsruds noveller er opptatt av hvordan mennesket styres av irrasjonelle impulser (se eksempelvis Sol-berg 2007: 12; Rottem 1998: 476), men dette er bare den ene siden av saken. For novellene minner en også om at dette er en takknemlig myte, en myte som på sett og vis gjør det enklere for oss å leve med brutale hendelser. Hvis en voldelig handling

8

begås i vanvare eller et øyeblikks galskap, kan den også lettere bortforklares som et unntak. Men det er ikke alltid slik at Herbjørnsruds karakterer vil godt. Tvert imot handler de ofte ut fra hat, bitterhet, misunnelse eller tanken på egennytte. Dette, at karakterene like gjerne kan være rasjonelle og kalkulerende i sine forbrytelser, er det mest skremmende ved novellene. Herbjørnsruds forfatterskap er ikke bare dystert, det er uforsonlig. Som leser skal man lete lenge etter formildende perspektiver, forsikringer om at mennesket innerst inne er godt, og at verden jo *også* kan være et fredelig sted. Ingen av Herbjørnsruds sju novellesamlinger søker tilflukt i den slags forestillinger. Og det koster: Om Herbjørnsrud skriver den samme historien igjen og igjen – forkjærligheten for bestemte motiver og bestemte formuleringer er åpenbar – blir mørket mer totalt, og fortellerens tungsinn mer påtagelig, for hver gang han skriver den.

Vi har med andre ord å gjøre med et konsistent forfatterskap. Herbjørnsrud debuterte med samlingen *Vitner* i 1979, flere tiår etter andre verdenskrigs slutt, og det er på mange måter overraskende – for novellene forholder seg i så stor grad til krigen og dens implikasjoner, at man i utgangspunktet skulle tro den var nærmere i tid. Én ting er de mange konkrete referansene. I fortellingene får man høre om karakterer som har deltatt i krigen, og hvis man først begynner å telle, vil man raskt oppdage at historiene rommer mange henvisninger til massegraver, medløpere, konsentrasjonsleire, blendingsgardiner, sabotasjeaksjoner, flyktninger, kulehull. Man kan ikke dermed anklage Herbjørnsrud for å dvele ved selve krigen – de konkrete krigsreferansene nevnes stort sett i forbifarten, og det er strengt tatt bare én novelle, tittelnovellen i *Vi vet så mye*, som gjør krigen til sitt hovedtema – men forfatterskapet forholder seg, i sitt innerste, til krigens implikasjoner. For Herbjørnsrud representerer krigen et radikalt brudd, ja, noe uopprettelig. I novellene fremstår krigen som en viktig forutsetning for karakterenes erfaring av verden som dypest sett fiendtlig – eller, for å si det som Theodor W. Adorno sier det, i fragmentsamlingen *Minima Moralia*: av at det ikke lenger finnes noe harmløst. Enten de har opplevd krigen eller ikke, blir de slik vitner – avstandsvitner – til sin tids store katastrofe. Kanskje er det også dette debutsamlingens tittel, *Vitner*, skal minne leseren om. Her presenteres man i hvert fall for karakterer som på en eller annen måte tvinges til å spørre: Hvem er jeg, hvordan kan jeg leve, være til, i en verden som denne?

Sagt annerledes: Allerede i debutsamlingen er Herbjørnsrud opptatt av det som siden er blitt hans to kjernetemaer, nemlig vold og identitet. I *Vitner* utforskes disse temaene stort sett hver for seg. Flere av novellene interesserer seg for identitetsspørsmålet i relativt snever forstand – «Grete, 17», for eksempel, åpner slik: «... hei jeg, er du der inne, kan du høre meg?» (21). Utover i forfatterskapet, og i takt med den stadig hyppigere bruken av dobbeltgjengermotivet, diskuteres imidlertid de to temaene mer og mer som to sider av samme sak. Dobbeltgjengermotivet har en helt sentral plass i Herbjørnsruds noveller, og kan leses som en anskueliggjøring av det fenomenet Sigmund Freud i sin tid betegnet som de små forskjellenes narsissisme. Freud var ute etter å beskrive den formen for fiendskap som utspiller seg mellom menneskegrupper som i utgangspunktet står hverandre nær – engelskmenn og skotter, spanjoler og portugisere, nord- og sørtyskere – og i *Ubehaget i kulturen* går han langt i å hevde at dette fenomenet er betegnende for menneskets hang til ikke å elske, slik kulturens idealkrav lyder, men skade sin neste (Freud 1992: 58–62). Herbjørnsruds karakterer er ikke sjelden naboer eller brødre, og i hans tapning av dobbeltgjengermotivet fremstilles gjerne dobbeltgjengerrelasjonen som en relasjon det, paradoksalt nok, ikke er plass til to i. «Jeg møter

10

[dobbeltgjengerne] i alt jeg ser,» hevder fortelleren i «Dubletter», før han fortsetter: «Jeg jager og jeg jages. Jeg er den jagede jegeren [...]» (167).

Dobbeltgjengeren utløser alltid en frykt i Herbjørnsruds karakterer, en frykt for at de skal miste seg selv i en annen, bli redusert til en kopi, til skyggen av en som lever livet for dem. Sånn sett figurerer alltid dobbeltgjengerne også som et dødsvarsel, ja, som en variant av det Jorge Luis Borges et sted omtaler som *the fetch*: en spøkelsesaktig skikkelse som kommer for å hente deg til døden (Borges 1969: 80). I «Dubletter» fremstilles denne trusselen som helt konkret, og fortelleren svarer med bokstavelig talt å sprenge tvillingbroren, dobbeltgjengeren, i filler. Dette, at den enes selvoppholdelse så å si er dømt til å skje på den andres bekostning, er helt i tråd med novellenes relativt deterministiske grunnsyn, og understrekes her av fortellerens ordspill – jeg tenker på likheten mellom «jeg er» og «jeger» – som jo gjør leseren oppmerksom på den nære sammenhengen mellom det å bekrefte eget liv, og det å ta andres.

Herbjørnsruds insisterende bruk av dobbeltgjengermotivet – og for her også å nevne et annet, nært beslektet og hyppig brukt motiv: historien om Kain og Abel – kan naturligvis vanskelig leses *helt* uavhengig av interessen for enkeltmenneskets psykologi. Men i novellene har disse motivene også en mer samfunnsmessig dimensjon, og fungerer minst like mye som en kommentar til, og et bilde på, den verden karakterene lever i. Karakterene opptrer da heller ikke alltid som selvstendige individer, med en klar motivasjon for sine ulike handlinger, eller et mer eller mindre avklart forhold til sin egen historie, men nærmest som statister i eget liv. I flere av Herbjørnsruds noveller fremstår Historien som den mest sentrale aktøren. Det vil si, den retningen karakterenes liv tar, bestemmes ikke nødvendigvis av personlige valg og vurderinger, men av hendelser i fortiden, av konkrete historiske begivenheter. Dette blir ikke minst tydelig i hans mest ambisiøse novelle, «Vi vet så mye», der karakterene er fullstendig fanget i fortidens nett, og hver minste lille bevegelse er styrt av hendelser som har funnet sted, for flere tiår siden – under krigen. Men eksempelet kunne også vært hentet fra en rekke andre noveller: fra «Drenering 1963», der forholdet mellom far og sønn er preget, nei, fullt og helt betinget, av farens fortid som frontkjemper; fra «På Gamletun i Europa», der ekskursen om 1600-tallets Europa fremstiller (det tidlig moderne) mennesket som hjelpeløst overgitt til krefter utenfor det selv – krig, religiøse konflikter, vitenskapelige diskurser, alt sammen større og mer totalt enn enkeltmenneskets psykologi; fra «Skjelettet og anatomiboka», der den relativt utbroderende fortellingen om Wergelands samtid jo også sakte, men sikkert blir fortellingen om «trellbundne folk», tvunget til å leve under historiske omstendigheter de selv verken rår eller har oversikt over (Herbjørnsrud 2006: 54).

Herbjørnsruds forfatterskap er i det hele tatt påfallende historisk orientert. Novellene forholder seg til ulike historiske epoker, og tid – klokketid, skrivetid, lesetid, historisk tid, tida som går, tida som står stille – fremstår som et hovedtema i flere av novellene, og de samme novellene gjør et poeng ut av å forklare hendelser og fenomener historisk. Det er ikke for ingenting at de aller fleste av Herbjørnsruds tekster tidfestes – det være seg i tittelen: «Drenering 1963», «Hallgrim Flatin 1966», «Gjesterommet 1966», «Sara 1993», eller i form av at de ulike fortellerne presiserer når handlingen foregår, eller når teksten de skriver, og vi leser, er nedtegnet. Tid *betyr* noe for Herbjørnsruds karakterer, og det synes å være et premiss ved de forskjellige handlingene at de utspiller seg akkurat når de utspiller seg, og ikke på et hvilket som helst annet tidspunkt.

Dermed kunne man også hevde at de mange tidsangivelsene i Herbjørnsruds noveller fungerer som en kontekstualisering. Denne opptattheten av historiske og kontekstuelle forhold er alt i alt en noe underkommunisert side ved forfatterskapet. Herbjørnsruds resepsjonshistorie er ennå forholdsvis liten,[*] men stor nok til at det gir mening å snakke om tendenser. Overordnet sett har resepsjonen konsentrert seg om særlig tre aspekter ved forfatterskapet: identitetstematikken, den lokale forankringen og de metafiksjonelle innslagene (herunder spørsmålet om selvfiksjon og, dessuten, mer tekstinterne problemstillinger som skrift, mening, intertekstualitet, betydningsproduksjon, upålitelige fortellere, og så videre). Den ferskeste utgivelsen om forfatterskapet, antologien *Hans Herbjørnsruds novellekunst. Iscenesettelse av jeget. Realisme og mystikk*, illustrerer dette. Som tittelen antyder, er alle artiklene i samlingen opptatt av novellenes identitetstematikk, og av hvordan Herbjørnsrud utforsker denne tematikken gjennom en aktiv bruk av eget liv. Stein Tingvold viser i en grundig lesning av «Bent Klyvers lys-

---

[*]Per i dag finnes det fire hovedoppgaver om forfatterskapet: Stein Tingvolds *«Ja tiden fikk rom, og rommet fikk tid»: en analyse av Hans Herbjørnsruds Vi vet så mye* (2003), Ragnhild Stende Bjaadals *Å lese det uskrivne – å høyre det usagte* (2003), Marius Meyers *En svunnen tid som aldri forsvinner: melankoli og initiasjon i Hans Herbjørnsruds «Blinddøra»* (2002) og Asbjørn Holms *Narkissos, Ødipus: en lesning av Hans Herbjørnsruds jeg-noveller* (1994) – og en tysk magisteravhandling: Eva Stadlers *Die Funktion von Spiegeln und Spiegelungen in ausgewählten Erzähltexten Hans Herbjørnsruds* (2000). Ellers foreligger én antologi – *Iscenesettelse av jeget. Realisme og mystikk* (2007, red. Unni Solberg m.fl.) – et knippe artikler og dessuten tre dybdeintervjuer, som er å finne i henholdsvis *Dialoger II* (1996, intervjuet av Alf van der Hagen), *Vinduet* nr. 1/98 (intervjuet av Nikolaj Frobenius, John Erik Riley og Tor Eystein Øverås) og *Bøygen* nr. 3/2002 (intervjuet av Kjell Jørgen Holbye, Tor Holm og Trude Rønnestad). I tillegg kommer et utall anmeldelser, samt mer generelle presentasjoner i litteraturhistoriske oversikter.

este besettelse» hvordan Herbjørnsrud her iscenesetter seg som en bifigur, og videre hvordan både fortellerstemmen og hovedpersonen, Bent Klyver, er i konstant forandring, mens Unni Solberg, med utgangspunkt i «Mens tiden løper», diskuterer selvfiksjonen som sjanger – før hun innsiktsfullt spør om ikke leserens fascinasjon over skriften til syvende og sist gjenspeiler et ønske om å finne svar på hvordan fiksjonen kan reflektere livet. Bokas vinkling kan vanskelig sies å være urimelig. Herbjørnsruds noveller *er* fulle av selvbiografiske referanser – noe, ja, Herbjørnsrud selv er den første til å innrømme. Fra og med *Vannbæreren*, hevder han i et intervju, «[opererer jeg] med fiksjonalisert biografi» (Frobenius m.fl. 1998: 46). Det vil si at det i seks av sju samlinger vrimler av henvisninger til Herbjørnsruds egne noveller (innledningsvis i «Grenseløst» kommenterer fortelleren sentrale passasjer i «Blinddøra» og «På Gamletun i Europa»), til hans egen person (i «Jens Helland» får man høre om litteraturkritikeren Hans Herbjørnsrud, som, så vidt tittelfiguren kan bedømme, må være kommet til siste stadium av syfilis) – og til det man vet er Herbjørnsruds eget miljø, med slektsgården i Heddal som det vel hyppigst brukte utgangspunktet for novellenes handling. Men den relativt sterke betoningen av disse aspektene har bidratt til en noe ensidig lesning av forfatterskapet.

Jeg har selv av og til tatt meg i å savne en større oppmerksomhet rundt novellenes vilje til å gå inn i, og reflektere rundt, konkrete historiske hendelser – og flere påminnelser om Herbjørnsruds orientering *utover* det lokale. Riktignok lever novellenes karakterer stort sett skjermet for verden utenfor det norske gårds- og bygdelandskapet. Leseren får i løpet av forfatterskapet høre om ett og annet utenlandsopphold (i «Kartografer» opplyser fortelleren at bonden og billedkunstneren RD lenge har bodd i Tunis, og i «Jens Helland» får man

14

vite at tittelfiguren oppholdt seg i Paris som ung mann), en og annen utenlandsreise (omtrent midtveis i novellen beretter fortelleren i «Vi vet så mye» først om en tur til London, så om en tur til Polen), men opplysninger av denne typen kommer som regel mest i forbifarten, og de ulike handlingene foregår så å si uten unntak innenfor Norges, for ikke å si, bygdelandets grenser («Jens Helland» er vel den eneste novellen som i sin helhet utspiller seg i Oslo, altså et bylandskap). Like fullt lekker verden utenfor inn. Mange av Herbjørnsruds temaer har, historisk så vel som idéhistorisk, en europeisk kontekst: barokken, romantikken, andre verdenskrig, etterkrigsoppgjøret, den vitenskapelige revolusjon. Når Herbjørnsrud skriver om Wergeland, for eksempel, er det kosmopolitten Wergeland han fremhever, og ikke nasjonalikonet. Men novellenes visshet om, og orientering mot, verden utenfor blir også tydelig gjennom de utallige referansene til europeiske kunstuttrykk. For å bruke et par av de eksemplene jeg har nevnt: Under oppholdet i London tilbrakte fortelleren i «Vi vet så mye» dagene på et hotellrom i Bloomsbury – det området i London, for ikke å si Europa, man, primært takket være Virginia Woolf, i sterkest grad forbinder med den tidlige modernismen – mens kona Anna gikk rundt på «National Gallery og Tate og betraktet Cézanne, Monet, Constable og Turner» (620). Jens Helland fordyper seg på sin side i en analyse av T.S. Eliots «East Coker», slik fortelleren i «Dubletter» stadig henfaller til refleksjoner rundt Pieter Bruegels gåtefulle bilde *Birøkterne*. Det ville ikke være en overdrivelse å hevde at det er Europa, og ikke det indre Østlandet, som er Herbjørnsruds viktigste kontekst.

I lesningen av Herbjørnsruds forfatterskap er det disse to linjene jeg selv har vært mest opptatt av å følge: novellenes blikk for verden utenfor Norges grenser, og novellenes fortolkninger av historiske hendelser – og da spesielt de hendelsene som

15

utspiller seg innenfor det såkalt korte 1900-tallet, det tidsrommet historikeren Eric Hobsbawm omtaler som *ekstremismens århundre*. Dette skyldes ikke bare en opplevelse av at disse problemstillingene hittil har fått ufortjent lite oppmerksomhet i resepsjonen, men også, for egen del, en mer generell uvilje mot å dvele altfor mye ved metafiksjonelle og strengt tekstinterne spørsmål, som altså Herbjørnsruds noveller er kjent for å reise. Min erfaring er at utformingen av og diskusjonen om slike problemstillinger for det første kan bli noe selvopptatt – omtrent alt i en historie viser seg å peke tilbake på litteraturen selv, dens egen tilblivelse, dens egne mulighetsbetingelser – og for det andre har en tendens til å ende opp med å kretse rundt varianter av det uutsigelige: de kodene som ikke kan knekkes, det ved litteraturen som ikke kan settes på begrep, den uoverstigelige glipen som alltid vil finnes mellom fiksjonen og verden utenfor. I enkelte tilfeller kan selvfølgelig et slikt perspektiv være helt på sin plass, men om det blir for gjennomført, vil man – når det gjelder Herbjørnsruds forfatterskap – stå i fare for å underslå at flere av novellene er minst like opptatt av å diskutere litteraturens rolle i verden utenfor, den verden vi lever i, ja, finne ut av hva det er vi driver med, når vi driver med litteratur. Når novellene i så mange sammenhenger konfronterer leseren med moralske problemstillinger (som: vold, krig, lidelse), er det nærliggende å spørre om de også sier noe mer overordnet om forholdet mellom etikk og litteratur, eller mer presist: om litteraturens eventuelle moralske dimensjon. Ikke dermed sagt at forfatterskapet har så mye oppløftende å si om dette – tvert imot – men det *er* et spørsmål de aller fleste av novellene forholder seg til. I den grad jeg kommenterer det metafiksjonelle aspektet ved forfatterskapet, vil det derfor være i en slik sammenheng.

Jeg har ved et par anledninger vært inne på Herbjørnsruds trofasthet mot bestemte motiver, bestemte temaer, bestemte formuleringer. Denne trofastheten er etter mitt syn både forfatterskapets styrke og svakhet. Styrke fordi den åpner for at ett enkelt motiv over tid kan nyanseres, kompliseres og modereres. Det krever en viss kunstnerisk disiplin å holde seg til den samme motivkretsen gjennom et langt forfatterskap, og det er ingen tvil om at denne strategien, i den grad kunstneriske valg kan omtales som det, har vært avgjørende for den høye kvaliteten flere av noveller holder. Utformingen av dobbeltgjengermotivet er langt dristigere, mer subtil og mer sammensatt i «Vi vet så mye» enn i «Dubletter», som ble utgitt drøye 15 år tidligere. Svakhet fordi Herbjørnsrud også vel er i overkant avhengig av bestemte litterære rekvisitter. Av og til går det automatikk i plott og formuleringer. Er eksempelvis dobbeltgjengerrelasjonen, slik den utlegges i siste halvdel av «Skjelettet og anatomiboka», *helt* nødvendig for novellens utvikling? Som leser kan man få en følelse av at motivet her mer er et trygt sted for novellen å lande – at den ikke løper noen risiko ved å bringe det inn, og at den heller ikke tilfører motivet så mye annet enn det man vet andre og tidligere noveller har gjort. Noe lignende kunne man hevde om enkelte typer formuleringer. Jeg tenker spesielt på ordspillene, som kan dukke opp i så å si identisk form, og derfor også bli forutsigbare, miste litt av spillet i seg (varianter av «jeg er»/«jeger» er én gjenganger, kiastiske, eller speilende formuleringer av typen «natt ble dag ble natt» en annen).

Uansett har man å gjøre med et forfatterskap som henger sammen. Gjennom beslektede motiver, temaer og formuleringer kan én novelle påkalle andre. Herbjørnsruds noveller samtaler med hverandre, hevder Steinar Gimnes i artikkelen «Alvorlig leik – leikande alvor», og det er en treffende beskrivelse. Herbjørnsruds novellesamlinger teller ikke flere enn sju – målt i antall utgivelser er ikke dette en spesielt vektig produksjon – men det ville være overmodig å ha en ambisjon om å gå like grundig inn i alle forfatterskapets deler. Tidsmessig strekker produksjonen seg over en periode på nesten 30 år, og de fleste novellene er relativt lange, noen så lange at de kan minne om en roman, eller en kortroman (så er det også sagt, en gang for alle; det sjangerteoretiske spørsmålet vil jeg i det store og hele la ligge). Enkelte avgrensninger må gjøres. Nå ligger det selvfølgelig en naturlig avgrensning i mitt valg av problemstillinger – ikke alle novellene er like relevante for en slik vinkling – men det at forfatterskapet er såpass konsistent, gjør det mulig å foreta et mer eller mindre representativt utvalg. Det åpner også for at man kan holde seg til få noveller, og samtidig få sagt noe om flere: Før eller siden støter man på situasjoner eller beskrivelser som bringer en fra den ene novellen til den andre. Hvert av de tre hovedkapitlene i dette essayet tar derfor utgangspunkt i én novelle: «Skjelettet og anatomiboka» fra *Brønnene* (2006), «Vi vet så mye» fra samlingen med samme navn (2001) og «På Gamletun i Europa» fra *Eks og sett* (1992). Disse novellene tilhører ulike deler av Herbjørnsruds produksjon, og er delvis valgt ut fra en tanke om at tidsmessig spredning er et poeng i seg selv, når ønsket er å si noe generelt om forfatterskapet. Men jeg konsentrerer meg også ganske enkelt om de novellene jeg selv setter størst pris på.

Er andre verdenskrig den mest sentrale referansen i Herbjørnsruds forfatterskap? Spørsmålet ble i hvert fall mer og mer sentralt for meg, og dette gjenspeiles i bokas oppbygning. «Skjelettet og anatomiboka», den første novellen jeg skriver om, spekulerer på følgende vis: Hva om vi ennå ikke kjenner til høydepunktet i Wergelands forfatterskap? Novellen forteller om det dystopiske diktet «Cain og Abel», et dikt Wergeland angivelig skal ha skrevet, men som aldri ble trykket noe sted, og som heller ikke finnes i hans samlede verker. Ett og annet får man ikke desto mindre vite om diktet: «Cain og Abel» er en dyster

18

profeti om menneskehetens, og spesielt Europas fremtid, og selv om det aldri fremkommer i klartekst, gir novellen leseren hint om at profetien til syvende og sist er en spådom om den store katastrofen i fortellerens eget århundre: jødeutryddelsen under andre verdenskrig. Et tema svært få av Herbjørnsruds karakterer klarer å si noe eksplisitt om, men i «Vi vet så mye», som altså er den andre novellen jeg tar for meg, lar Herbjørnsrud fortelleren ta tyren ved hornene. Novellen innledes med et tilreisende reportasjeteams dekning av en tragedie som har funnet sted på fortellerens nabogård. Hendelsen omtales innledningsvis som «dette Birkenau», men man må lese helt til siste side for å kunne konstatere at referansen er like velbegrunnet som man frykter. For det dreier seg nettopp om en rekonstruksjon av holocaust: I løpet av noen måneder har naboen forvandlet låven til en massegrav for dyr. Karakterenes forhold til krigen er likevel mer komplisert enn det til å begynne med kan synes. Det finnes en krig fortelleren ser – og en han ikke ser. Og den krigen han ikke ser, problematiserer på mange måter erindringens funksjon. Som de fleste andre av Herbjørnsruds noveller betoner «Vi vet så mye» viktigheten av å se seg selv i en større historisk sammenheng, men den viser også hvordan erindringen kan bli en destruktiv kraft, som hindrer mennesker i å forsones med hverandre. I «På Gamletun i Europa» fremstår derimot historien som et potensielt fellesskap, men også denne novellen setter spørsmålstegn ved om vi lærer noe av historien. «På Gamletun i Europa» er en fortelling om den nye tids begynnelse, om overgangen fra den gamle til den nye verden og, mer indirekte, om berøringspunktene mellom dette Europa og fortellerens Europa. Men utgangspunktet er et annet: Novellen innledes med at fortelleren under våronna 1991 finner to hodeskaller på gamletunet. Han forestiller seg at hodeskallene har tilhørt Blinde-Margjit og Kloke Ragnhild, to kvinner som skal ha bodd på gården første halvdel av 1600-tallet. For å børste vekk jorda som dekker hodeskallene, slår han dem mot hverandre, og smellene minner ham brått om takten i en bortglemt folkevise, som han igjen tenker seg må være Blinde-Margjits vise. Store deler av novellen er en gjenfortelling av sagnet om Blinde-Margjit, men fortelleren går langt i å etablere en historisk kontekst for Blinde-Margjits liv og vise: «Det er tidlig på 1600-tallet. Ute i Europa skal krigsgudene snart slippes løs og gå berserk i 30 år» (320). Ekskursen som følger, er en lengre utlegning om barokkpoetenes motivbruk og samfunnsutviklingens innvirkning på litterære uttrykk. Som i andre noveller fremhever fortelleren også her – om enn ikke direkte – barokken og den moderne tids begynnelse som en nøkkel til å forstå egen tid. Det tungsinnet som preger barokkpoetenes dikt, er et tungsinn han selv frykter. Og til tross for at han ikke sier et eneste ord om sin egen samtid, vet leseren at det Europa han lever i, er et Europa der krigsgudene igjen, og for første gang siden andre verdenskrig, skal slippes løs.

Det er en utfordring å skrive om Herbjørnsruds forfatterskap på en måte som ivaretar novellenes særpreg. I prinsippet er naturligvis dette en problemstilling som gjelder i møte med all litteratur, men den melder seg med særlig styrke når man har å gjøre med tekster det er vanskelig å få oversikt over, ja, som så å si lever av sin hemmelighetsfullhet. Typisk for Herbjørnsruds noveller er det enorme tilfanget av informasjon, omskrivninger, skjulte sitater, kryssende historier, løse tråder og mulige forbindelseslinjer, og det er unektelig en fare for at man i forsøket på å sortere de ulike tekstenes forskjellige elementer – nærmest som en motreaksjon – ender opp med å gjenskape novellene som stringente tekster med en tydelig motivasjon og et mer eller mindre logisk hendelsesforløp. Med andre ord: tekster som avviker betraktelig fra originalen. Herbjørnsruds noveller motsetter seg alle former for skråsikkerhet og følgeriktighet. Slik språket, med sine uendelige bilderekker, liksom svulmer ut over sidene, vokser også novellene tematisk i alle mulige retninger, blåser seg opp, antyder det ene, men også det andre. Som leser ender man nokså ofte opp som litt forvirret – men om man ikke lar seg skremme av denne uvissheten, kan den også avle en form for spekulasjon. Man kan til og med hevde at en slik invitasjon ligger innbakt i Herbjørnsruds noveller. Det er som om de hvisker, nei, av og til roper, til leseren: spinn videre, og se hvor du havner. Og til syvende og sist er dette en av litteraturens aller fremste egenskaper: at den får deg til å tenke noe du på forhånd ikke trodde du skulle tenke.

Å lese er alltid også å velge, og det er knapt nok mulig å omtale litterære tekster uten å redusere det tolkningsmangfoldet de i utgangspunktet rommer. Når det er sagt, håper jeg at mine lesninger av Herbjørnsruds noveller tar høyde for tekstenes særegne utforming, og at de selv tar form som én av mange mulige lesninger.

UNDER EN SOTSVART HIMMEL

Ord? Som Verden saa foragter? / Ord i Digt? / Endnu meer foragteligt!

(Wergeland 1919b: 19)

Henrik Wergeland har en unik plass i norsk litteraturhistorie: høyest verdsatt og minst lest. Misforholdet har naturligvis sine forklaringer. Utilgjengelighet er et viktig stikkord: Jeg tenker ikke bare på den såkalte språkbarrieren, men også på det faktum at de fleste av Wergelands sentrale utgivelser, som hovedverket *Skabelsen, Mennesket og Messias*, knapt nok er mulig å oppdrive andre steder enn i universitetsbibliotekenes magasiner og de mest velutstyrte antikvariater. Men misforholdet inspirerer også til å stille nye spørsmål: Hva vil det si å bli lest? Og er det å bli lest en forutsetning for å bli kanonisert?

Et av den amerikanske kritikeren Harold Blooms hovedpoeng – i den utskjelte, men stadig siterte *Vestens litterære kanon* – er som kjent at kanon er selvgenererende, at det til syvende og sist er litteraturen selv som bestemmer hvilke verk som skal bli stående. De beste verkene er, i kraft av sine kvaliteter, dømt til å overleve, uavhengig av den litterære institusjonens sammensetning: Litterær kvalitet er litterær kvalitet, og glemte og oversette mesterverk en selvmotsigelse. En mindre påaktet implikasjon av Blooms påstand er at store dikteres

22

etterliv garanteres av deres evne til å gjennomtrenge fremtidig litteratur, ja, til å velge sine etterkommere. I prinsippet holder det faktisk å bli lest av litteraturen, men skal du bli kanonisert, er dét til gjengjeld også en forutsetning. «Kanon er erindringens sanne kunst,» anfører Bloom innledningsvis i *Vestens litterære kanon*, og fremhever slik gjensidighet som kanoniseringsprosessens fremste kjennetegn (Bloom 1996: 40). Sterke diktere gjør krav på å bli husket – men husker også selv tradisjonen; selv en dikter som overgår tradisjonen, ivaretar den på en eller annen måte. Sånn sett kunne man hevde at Blooms argument er beslektet med det argumentet T.S. Eliot formulerer allerede i det berømte essayet «Tradisjonen og det individuelle talent». Felles for Bloom og Eliot, 1900-tallets vel mest betydningsfulle tradisjonsteoretikere, er en dyp skepsis til den litteraturkritikken som utelukkende dveler ved forfatteres individualitet. Men Eliot gir et langt mer harmonisk bilde av tradisjonen enn Bloom, som jo primært er ute etter å avidealisere forholdet mellom tradisjonens skikkelser. Sterke diktere, hevder Bloom, forvrenger og feilleser hverandre for å rydde plass til seg selv, og tradisjonen tar derfor alltid form som en kamp, eller et kreativt oppgjør. Og der Eliot fortaper seg i vektleggingen av fortidens tilstedeværelse i nåtidens diktning, er Bloom like opptatt av fremtidens tilstedeværelse i litteraturen. Så er da også Blooms tradisjonsteori dypt forankret i jødisk mystisisme. Derfor har betraktningene en viss affinitet til de refleksjonene man finner i Walter Benjamins «Historiefilosofiske teser». Benjamins teser tydeliggjør et sentralt, men ikke alltid like uttalt, poeng hos Bloom. Med fascismens fremvekst som en viktig historisk bakgrunn erstatter Benjamin historismens evolusjons- og fremskrittstanke med forestillingen om en konstellasjon mellom to tidsepoker. Denne konstellasjonen beror både på samtidens evne og vilje til å kjenne seg selv igjen i bildet av fortiden – og på fortidens hang til å se seg selv i sammenheng med en annen tid: den fremtidige. For selv om det lenge var forbudt for jøder å forske i fremtiden, gjorde troen på forløsningen og Messias' komme det umulig å forholde seg likegyldig til den tiden som ventet. Benjamin skriver: «Det eksisterer en hemmelig avtale mellom de foregående slekter og vår egen. Vi er ventet på jorden» (Benjamin 1991a: 94–95). Når Bloom hevder at kanon er erindringens kunst, hevder han også dette: at forestillingen om å være ventet av tradisjonen, ikke bare er nødvendig for den enkelte dikter, men også for at tradisjonen skal kunne reddes fra glemselen. Ja, denne forestillingen *er* i en viss forstand tradisjonen.

Hva så med Henrik Wergeland – en sterk dikter? Jo, ganske visst, men Wergeland er også en forfatter som er blitt utstyrt med en svært samstemt og harmonisk resepsjon: Norsk litteraturhistorie er full av hyllester til Wergeland. Et av de få forsøkene på å avidealisere ettertidens forhold til Wergeland, på å tematisere den mørke siden ved innflytelsesspørsmålet – raseriet over å bli stående i skyggen av Norges viktigste dikter – finner man i Hans Herbjørnsruds hittil siste samling, *Brønnene*, i den novellen dette kapitlet skal handle om, «Skjelettet og anatomiboka». En novelle som lanserer Wergeland som en fremtidens dikter: en dikter som så alt det grusomme som skulle komme, en dikter som ennå har til gode å bli lest – og hvis advarsler derfor heller aldri ble hørt.

Men tradisjonstemaet er ikke nytt for Herbjørnsrud. Forholdet mellom tradisjonens skikkelser står tvert imot sentralt i en rekke noveller, og det fremstilles gjennomgående som en variant av dobbeltgjengermotivet – det vil si som en angstfylt kamp. Interessen for dette temaet er påfallende i den senere fasen av forfatterskapet, som ble innledet med *Blinddøra*, og fulgt opp med *Vi vet så mye* og *Brønnene* – tenk bare på hvordan Sandemoses innflytelse diskuteres i «Kai Sandemo», og Borgens i «Bent Klyvers lyseste besettelse» – men man finner spor av den allerede i novellen «Jens Helland». Jens Helland har i mange år eid en frukt- og tobakksforretning i Huitfeldtsgate på Ruse-løkka, men når leseren møter ham, har han nylig solgt den til Thomas Collett Müller Borgen – en ung mann Helland, av en eller annen grunn, irriterer seg over. Irritasjonen kan skyldes det pompøse navnet, eller de høyborgerlige manerene, eller at den unge kjøperen av og til imiterer ham, låner bestemte ord og formuleringer – Helland vet ikke sikkert – men han har følelsen av å ha møtt mannen før, og han er overbevist om at han den gang «var blitt grovt bedratt i en handel som han nå ikke for sitt bare liv klarte å huske» (284). Uten at Helland selv er opp-merksom på koblingen, står det etter hvert klart for leseren at det bedraget han her ikke husker, nok er det samme som et han husker temmelig godt, og som den dag i dag gjør ham bitter: Da Hellands debutroman, *Glenner i skogen*, i sin tid ble slak-tet av kritikerne, svarte Helland med å skrive *Meteorsteinene*, et dystert og kompromissløst verk han selv mente ville gjøre ham til Norges første modernist. Manuset ble imidlertid refu-sert av forlaget, og bare noen dager etter at han fikk det i retur, skal det ha forsvunnet fra hybelen hans i Paris. Ifølge Helland dukket store deler av materialet opp igjen drøye tretti år senere – i to av Johan Borgens romaner, *Jeg* og *Den røde tåken*. Bor-gen, som debuterte samme år som Helland (1925), og som altså bærer samme etternavn som den unge butikkjøperen, skal med andre ord ha imitert Helland, om enn bare i det skjulte. Der-med påstår novellen også at Borgen, som, med en roman som *Jeg*, er blitt regnet som en av de mest sentrale modernistiske romanforfatterne i norsk litteraturhistorie, i realiteten var en forsinket modernist – i verdenssammenheng, men også i norsk forbindelse. Det er dette Herbjørnsrud lar Helland understreke

25

med utsagn som det følgende: «Romanen min, *Meteorsteinene*, ville ha vært den første modernistiske romanen i provinsen Norge. Den var på puls med Joyce, Schönberg, Picasso, Pound, Eliot, og ellers alt som skjedde av nyskaping i europeisk kunst i 1920-årene» (301).

Nettopp forsinkelsestemaet er et sentralt element i Blooms teori om angsten for innflytelse. En av de viktigste foranledningene for oppgjøret med tradisjonen er den enkelte forfatters opplevelse av å være kommet for sent – eller med Bloom: «the exhaustions of being a latecomer» (Bloom 1997: 12). Dette er en problemstilling som ikke minst aktualiseres i møte med Wergelands forfatterskap. For om Wergeland var unik i norsk sammenheng, var han opplagt forsinket i en større europeisk kontekst. Ikke bare debuterte han flere år etter de viktigste tyske, franske og engelske romantikerne, man kunne også hevde at det meste Wergeland skrev, var blitt skrevet før: Revolusjons-diktningen har eksempelvis klare forelegg i Byrons og Shelleys dikt om den greske uavhengighetskrigen – ja, til og med Wergelands selvbiografi, *Hassel-nødder*, er full av episoder man drar kjensel på fra blant annet Laurence Sternes *The Life and Opinions of Tristram Shandy, Gentleman* og *A Sentimental Journey*. Når Herbjørnsrud forholder seg til denne problem-stillingen, får den dessuten en tilleggsdimensjon. Det er flere aspekter ved forfatterskapet som gjør det nærliggende å spørre om ikke også Herbjørnsrud selv kan leses som en forsinket romantiker. Jeg tenker blant annet på det svulmende språket, det lett ekstatiske lynnet, den maniske tematiseringen av angsten for innflytelse – en angst som, ifølge Bloom, har sitt utspring i romantikken – og på novellenes tendens til å favorisere imagi-nasjon og overskridelse fremfor fornuft og erfaringsnærhet. Et vel så viktig – men ikke like åpenbart – aspekt ved Herbjørns-ruds noveller er insisteringen på litteraturens sannhetsgehalt, på litteraturens evne til å utsi noe *sant* om virkeligheten, på dikteren som en sannsiger. Disse trekkene ved forfatterskapet blir særlig tydelige i den hittil siste samlingen, *Brønnene*, og da spesielt i de to hovednovellene «Dvergmål» og «Skjelettet og anatomiboka».

I sentrum for handlingen i «Dvergmål» står dataprogrammereren Thomas som i flere år har drevet softwarefirmaet Hauge Research Inc., men som ved novellens begynnelse skal trekke seg tilbake for å fullføre arbeidet med en avhandling om den såkalte ruterautomatikken. Hva Thomas ikke forteller, og som leseren må få høre av kollegaen Ivar, er at firmaet nå har fått et søksmål på nakken, fordi deres mest kjente programvare, *Digital Math*, anklages for å være et plagiat av erkekonkurrenten Stephen Wolframs *Mathematica*. Og som om ikke det var nok, ligger Thomas' avhandling, *Ruter Ess*, visstnok an til å bli et plagiat av Wolframs kritikerroste og mye omtalte utgivelse, *A New Kind of Science*. Som Ivar et sted krast oppsummerer det: «Du er et ekko av Stephen Wolfram og skriver verken på bokmål eller engelsk, men på dvergmål» (217). Stephen Wolfram lever på sin side også et slags dobbeltliv, all den tid han jo også er en faktisk person: skaper av programvaren *Mathematica*, forfatter av det kontroversielle storverket *A New Kind of Science*, leder av softwarefirmaet Wolfram Research, Inc. – og i dag kanskje mest kjent som mannen bak søkemotoren Wolfram Alpha. Som tittelen forteller, argumenterer den virkelige *A New Kind of Science* for et paradigmeskifte innenfor naturvitenskapene. Dette fordi den tradisjonelle matematikken, ifølge Wolfram, ikke er godt nok egnet til å forstå naturen. Som alternative redskap fremholder han ulike matematiske datasystemer, delvis basert på de systemene han utviklet for *Mathematica* (se eksempelvis Wolfram 2002: 1–7). I «Dvergmål» er dette argumentet gjengitt som en direkte kritikk av Newton, for ettertiden selve symbolet på 1600-tallets vitenskapelige revolusjon. Men når Thomas, som man vel trygt kan si vitenskapen er gått til hodet på, utlegger denne kritikken, tar den delvis også form av et forsvar for en annen tenkemåte enn fornuften, nemlig fantasien. Et sted kan man lese følgende:

> For 400 år siden skapte Shakespeare ikke bare det moderne mennesket, men også den nye verden som vitenskapen prøvde å ransake i tiden som fulgte. Etter Shakespeare har diktningen vært suveren når det gjelder å gripe, begripe og fortolke tilværelsen – ikke minst fordi vitenskapen etter Newton har vinglet i gal retning når den ville arrestere den unnflyende virkeligheten i matematiske formler. Å fange tilværelsen med ligninger er like upraktisk som å plukke hvitveis med tærne. De siste 400 år har derfor vitenskapelig sett vært en aldeles unødvendig tidsepoke som jeg godt kan la en parentes ta kvelertak på før jeg setter punktum for den. [...] Nå står vi på terskelen til et paradigmeskifte. Naturvitenskapen trenger en forvandlende fantasi som er på høyde med Shakespeares. Det er lignelsen og ikke ligningen som er nøkkelen til de hemmelige rom som finnes bak de låste blinddører som vi tidligere ikke klarte å dirke opp. Programmet for den nye tid skrives av et dataprogram. [...] Det er min oppgave å pense biologien, fysikken og kosmologien inn på et nytt spor som løper parallelt med diktningen. Bare ruterautomatikken og poesien har rett til å gjøre krav på hele universet. Jeg slåss ikke med Newton; jeg slåss med Shakespeare. (Herbjørnsrud 2006: 176–177)

Skulle man igjen vende seg til Bloom, er det nærliggende å tolke denne flengende, og til dels usammenhengende, kritikken som en feillesning. Dette skyldes ikke først og fremst den smått absurde formen kritikken antar, eller at spørsmålet om innflytelse tematiseres så direkte – endog gjennom kampmetaforen – men at novellen ellers ikke makter å motstå Newtons påvirkning. Leseren tar gjentatte ganger fortelleren i å iscenesette seg som en Newton. Et eksempel: Utgangspunktet for Thomas' analyse av ruterautomatikken er hans eget vaskeromsgulv, i sin tid flislagt av altmuligmannen Frans Evensen, og finansiert av grusentreprenøren Luis Borgen (det siste navnet, som har gjenklang i Jorge Luis Borges, bidrar også til å understreke innflytelsesspørsmålets betydning i Thomas' resonnementer).* Ifølge Thomas gjenspeiler mønsteret av disse sorte og hvite flisene intet mindre enn de overgripende strukturene i evolusjonen. Når leseren møter Thomas, er vaskerommet så vel som hele huset fullstendig tømt, fordi han dagen etter skal flytte til sin nye kjæreste, dataprogrammereren Heidi. Omtrent midtveis i novellen får man så høre hvordan han går en siste runde i huset for å plukke med seg gjenglemte gjenstander: «Jeg finner en kleshenger i skapet på barnerommet, en tom plastpose i en kjøkkenskuff og en trekloss i kroken der vaskemaskinen stod. Mer får jeg ikke øye på her nede i første. Jo, der i hjørnet ligger det et par kamskjell som må ha falt ut av pappesken mens vi bar ut til flyttebilen» (198). Kamskjellet er også et sentralt element i en av novellens tidligere episoder; en episode som beskriver hvordan Thomas faller i egne tanker ved inngangen til vaskerommet – eller som han selv formulerer det: «på ters-

---

*Gitt innflytelsesproblematikken er det for øvrig også grunn til å spørre seg hvorfor Herbjørnsruds litterære inspirasjonskilder gjennomgående ender opp som håndverkere i novellene. Et annet eksempel er tømmerhoggeren Aksel Borgen i «Vi vet så mye» (en mann som jo – i navnet – henter litt fra Aksel Sandemose og litt fra Johan Borgen, to forfattere Herbjørnsrud ofte fremhever som sentrale inspirasjonskilder; se eksempelvis: Frobenius m.fl. 1998: 42 og van der Hagen 1996: 64). Dét må vel også kunne sies å være et uttrykk for angsten for innflytelse.

kelen til det ukjente» (163) – før han brått overmannes av en rekke syner. Blant dem: «det riflede mønsteret på et kamskjell, en mann som kvepper når et rødt eple dunser mot bakken tett ved ham i en engelsk hage for århundrer siden, et badekar som flommer over når en tjukkas senker seg ned i det» (167). Myten vil som kjent ha det til at eplet som falt til jorden, satte Newton på sporet av de tre bevegelseslovene. Når det gjelder skjellet Thomas forestiller seg, og siden finner i kroken på vaskerommet, inngår det i en scene som minner bemerkelsesverdig om en av *Newtons* mest berømte forestillinger. Riktignok med enkelte forskyvninger. For der Thomas står på terskelen til et ordinært vaskerom, står Newton i strandkanten med det uendelige havet foran seg, og der Thomas ikke nøler med å berømme egen innsats for vitenskapen, er Newton, slik han siteres av biografen David Brewster, heller ydmyk i omtalen av egne oppdagelser: «I seem to have been only like a boy playing on the seashore, and diverting myself in now and then finding a smoother pebble or a prettier shell than ordinary, whilst the great ocean of truth lay undiscovered before me» (Brewster 2010: 407).

Forholdet mellom Wergeland og fortelleren i «Skjelettet og anatomiboka» er tilsynelatende langt mer harmonisk. Men også denne relasjonen kan, ved nærmere ettersyn, karakteriseres som en kamprelasjon. Herbjørnsruds Wergeland-novelle gir likevel resepsjonsspørsmålet en uvant vri, idet den, til tross for Wergelands udiskutable plass i norsk kanon, spør: Hva om vi ennå ikke kjenner til høydepunktet i produksjonen? Hva om det aller beste Wergeland skrev, ble holdt tilbake av forfatteren selv, og derfor aldri har vært tilgjengelig for offentligheten? Og hva om dette mesterverket – nå, ved inngangen til et nytt årtusen – står i fare for å forsvinne for godt? Novellen berører slik en del av de samme problemstillingene som «På Gamletun i Europa» – for også Blinde-Margjits vise er en tekst som trues av glemsel, før den til slutt forsvinner helt – men spørsmålene springer her ut av to Wergeland-spesifikke forhold. Hovedgrunnen til at novellen kan spørre på denne måten, har å gjøre med misforholdet jeg diskuterte innledningsvis: Hvis Wergeland virkelig er så lite lest som myten forteller, *har* jo mange lesere gått glipp av et og annet mesterverk. Men novellens opptatthet av disse spørsmålene kan også tolkes som en polemikk mot den resepsjonen som tross alt finnes, og den mytologiseringen av Wergeland som har preget deler av denne resepsjonen. «Skjelettet og anatomiboka» spør nemlig også: Kan man tenke seg en Wergeland fullstendig skjult for resepsjonens mytedannelser? Fordi mesterverket det er snakk om skal være en dyster profeti om menneskehetens, og spesielt Europas, fremtid, tangerer samtidig spørsmålene flere av Herbjørnsruds kjernetemaer – som europeisk historie, menneskets vold mot sin neste og, i min lesning av novellen, andre verdenskrig og utryddelsen av Europas jøder. I siste instans kan «Skjelettet og anatomiboka» leses som en pendant til «Vi vet så mye», og, mer overordnet, som en oppsummering av Herbjørnsruds ellers spredte og usystematiske betraktninger rundt litteraturens eventuelle etiske dimensjon.

Et kaotisk materialrom

«Skjelettet og anatomiboka» tar utgangspunkt i opprydningen av et kaotisk materialrom. Vi befinner oss på Sagaheim folkehøyskole vinteren 1976, og fordi den gamle skolebygningen skal rives, har fortelleren fått i oppgave å skille ut såkalt «bevaringsverdige effekter». Her skal det velges og vrakes, veies og måles, og alt som ikke vernes om, vil bli jevnet med jorda – og

31

gå tapt for evig tid. Man kunne si at novellen innledes med en slags rekonstruksjon av kanoniseringsprosessen. Det meste som er stuet vekk på materialrommet, går på dunken. Fortelleren tar vare på noen utstoppede dyr, et par plansjer fra bibelhistorien – den ene avbilder Josef i brønnen, den andre Kain som slår i hjel Abel – og et skjelett som skal ha blitt brakt til skolen i 1918 av medisinerstudenten Sjur Loftsgard. Skjelettet skal ha tilhørt bestefaren, en bonde fra Numedal som ble drept av broren i 1835, mens de gikk opp grensen mellom stølsmarkene. Liket ble i sin tid obdusert ved universitetet i Christiania, og ble siden oppbevart i samlingene ved medisinsk fakultet, der det blant annet ble brukt i undervisningssammenheng. Da Sjur var ferdig med medisinstudiene, tok han med seg skjelettet og en lærebok i anatomi til Sagaheim, der han selv skulle undervise. Ifølge to av skolens tidligere studenter, nå beboere på bygdas aldershjem, skal Wergeland ha vært til stede under obduksjonen av numedalsbonden. Dette har de fra Sjur, som i den siste timen de hadde med ham før han bukket under for spanskesyken, viste fram skjelettet og fortalte historien bak det. I tillegg leste han opp deler av det dystopiske diktet «Cain og Abel», et dikt Wergeland angivelig skrev i kjølvannet av obduksjonen, men som aldri ble trykket noe sted, og som heller ikke finnes i hans samlede verker. Foruten Wergeland selv er det ingen andre enn Sjur som har lest dette diktet, som visstnok skal være Wergelands aller beste – og følgelig utgjøre, med fortellerens ord: «selve tindetoppen i norsk lyrikk» (Herbjørnsrud 2006: 31). Det dreier seg om et mesterverk som er i ferd med å bli borte for oss. Et mesterverk to stykker har lest i sin helhet, to andre har hørt deler av, og som en tredje – ad omveier – kjenner en og annen formulering fra. Så langt fremstår plottet som en polemikk mot Blooms berømte standpunkt, men hovedårsaken til at «Cain og Abel» ikke har brøytet seg vei inn i kanon, er ifølge novellen at Wergeland selv – for en gangs skyld, får man nesten si – konfiskerte diktet så snart det var ferdigskrevet. Diktet tar gradvis form som en dyster og skrekkelig fremtidsvisjon, ja, så grufull er diktets utvikling at Wergeland skal ha fryktet at historien ville «rappe skrekkvisjonene fra [ham] og virkeliggjøre dem» (56).

Kain og Abel-motivet står sentralt også i Herbjørnsruds eget forfatterskap, og i «Skjelettet og anatomiboka» er motivet nedfelt på en rekke forskjellige nivåer. Fortelleren selv er viklet inn i dobbeltgjengerrelasjoner til flere av novellens karakterer, og disse relasjonene tjener alle til å kommentere og utdype ulike aspekter ved myten – fra slektskapet til volden. I likhet med Sjur underviser altså fortelleren ved Sagaheim folkehøyskole, og etter å ha blitt kjent med historien bak skjelettet, faller også han for fristelsen til å bruke det i undervisningen om Wergeland. Både Sjur og fortelleren utvikler et symbiotisk forhold til skjelettet. «Jeg synes de lignet på hverandre,» hevder den ene av gamlingene på aldershjemmet (23), og tenker tilbake på den siste skoletimen, da Sjur, herjet av sykdom, og under opplesningen av diktet, ble stående – urørlig – ved siden av numedalsbondens skjelett. Når det gjelder fortelleren, slipper ingen av elevene hans til orde, men han gjør selv leseren oppmerksom på det symbiotiske ved relasjonen: «Skjelettet var for lengst begynt å få liv av mitt liv, og samtidig levendegjorde denne knokkelmannen meg» (29). Det er likevel ikke skjelettet fortelleren er mest opptatt av – men diktet. For hvis Sjur var i besittelse av det da han døde, finnes det kanskje fortsatt på skolen? Under opprydningen av materialrommet slår det brått ned i fortelleren at diktet må ligge i anatomiboka som Sjur fraktet med seg til skolen, og som de siste tiårene har stått utstilt på biblioteket blant andre førsteutgaver. Det skal vise seg at han har rett. Problemet er nå bare at han, for en stund siden, og i

33

håp om at andre muligens kunne kjenne til diktet, involverte en utenforstående i saken – «en allment kjent litteraturforsker som på den tiden ble regnet som den fremste fagkyndige på Wergelands forfatterskap» (32). Denne litteraturprofessoren er av det heller målbevisste slaget. Han har aldri hørt om «Cain og Abel», men på bakgrunn av fortellerens beskrivelse blir han raskt overbevist om at Wergeland *må* ha skrevet diktet, og alt tyder på at han – i likhet med fortelleren – er villig til, bokstavelig talt, å gå over lik for å få tak i det.

Fortelleren har med andre ord fått å gjøre med nok en dobbeltgjenger – denne gangen en han føler seg truet av. Det overrasker derfor ikke leseren at novellens andre halvdel utspiller seg som en anskueliggjøring av Wergelands dikt. Fortellingens nåtid er lagt til 2006, og da fortelleren et stykke ut i novellen ser tilbake på årene som er gått siden han forlot Sagaheim folkehøyskole i 1976 for å overta slektsgården i Heddal, gir han, i vage ordelag, uttrykk for at han skjuler en ugjerning: «det verste [kan] ha skjedd» (86). På slektsgården bor også tvillingbroren, men da de to, i novellens nåtid, diskuterer hvilken historie fortelleren muligens skjuler, har de ikke snakket med hverandre siden 1979. Videre skal fortelleren ha hatt skrivesperre i årene 1976–1979, og husker angivelig ingen verdens ting fra denne perioden. Det han derimot vet med sikkerhet, er at han våren 1976, i månedene etter å ha kommet tilbake til slektsgården, skrev på et dikt om, ja, nettopp: brordrapet i Numedal – et dikt han ga tittelen «Kain og Abel». Fortelleren husker også godt følelsen av at noen betraktet ham mens han skrev, og at han til slutt følte seg presset til å kvitte seg med begge diktene. Med hjelp fra broren skal han derfor ha samlet skjelettet, sitt eget dikt, anatomiboka med Wergelands dikt, samt en hel haug med skrot i en uttørket brønn, for så å ha skutt det hele 7000 år inn i fremtiden. Slik kunne man hevde at også den andre bibelplansjen fortelleren tok vare på under opprydningen av materialrommet, den som avbilder Josef i brønnen, får sin aktualitet. For mye tyder på at det ikke er numedalsbondens skjelett de har kastet i brønnen, men litteraturprofessorens. Et annet sted i novellen fremkommer det at professoren, som eide en hytte i nærheten av brødrenes gård, skal ha forsvunnet fra jordens overflate omtrent på samme tid som den noe science fiction-aktige operasjonen ble forberedt.

Men som leser er det to andre spørsmål man i første omgang opptas av. For det første klarer man ikke helt å slippe det spørsmålet som tross alt fungerer som novellens motor: Kan det hende at Wergeland *har* skrevet et dikt som «Cain og Abel»? For det andre kan man ikke la være å uroe seg over diktets profetier: Hvilken fremtid er det diktet kan ha spådd om? Er det en fremtid som angår oss? Når novellen stiller slike spørsmål, som det til syvende og sist jo er umulig å finne sikre svar på, kan man mistenke den for å drive gjøn med leseren – men «Skjelettet og anatomiboka» kan, mer enn noen andre av Herbjørnsruds noveller, leses som et forsvar for spekulasjon: for tenkning omkring det potensielle, det som tross alt *er* mulig.

En mulighet: Wergelands «Cain og Abel»

Spørsmålet «Skjelettet og anatomiboka» stiller en overfor, er ikke så søkt som det i utgangspunktet kan synes. Litteraturhistorien er som kjent full av eksempler på mesterverk – la oss, i pakt med novellens romantiske lynne, holde på denne betegnelsen – som lett kunne ha forsvunnet for oss, og som er blitt bevart nærmest ved en tilfeldighet. Ta for eksempel Emily Dickinsons forfatterskap. Kritikeren Thomas Wentworth Higginson mottok i april 1862 et brev fra Dickinson. Brevet inneholdt fire dikt, og var sendt med et spørsmål om hvorvidt diktene *pustet*; ti dager senere kom tre nye dikt – og det var det: Sju dikt var alt Dickinson publiserte i sin levetid. Hva så med de knappe 2000 andre diktene hun etterlot seg – dikt skrevet på lapper, servietter, kartongbiter, på baksiden av handlelister, i brev til venner, dikt gjemt bort på de merkeligste steder: i esker, under blomsterpotter, eller stukket inn mellom bøker – hva hadde man ikke gått glipp av om ikke søsteren, etter Dickinsons død, tilfeldigvis var kommet over dem? Hva om ikke hun hadde gitt dem videre til naboen Mabel Todd, som, i samarbeid med Wentworth Higginson, utga nesten 500 av Dickinsons dikt i løpet av 1890-tallet – om enn i en tilpasset og bearbeidet form – og hva om ikke datteren hennes igjen, på slutten av 1920-tallet, hadde funnet de hundrevis av diktene Todd på et tidspunkt hadde gjemt bort etter en krangel om et jordstykke – ja, en grensetvist! – med Dickinsons søster, Lavinia? Franz Kafka er et annet nærliggende eksempel: For hvordan ville man forholdt seg til dette forfatterskapet om vennen Max Brod hadde fulgt forfatterens instrukser om å brenne alle etterlatte papirer – brev, dagbøker, romaner...? Og, for også å nevne et nyere eksempel, hva med Leonid Tsypkins *Sommer i Baden-Baden* – Tsypkins eneste bok, som flere toneangivende kritikere, deriblant Susan Sontag, har fremholdt som en av 1900-tallets aller vakreste romaner, men som, delvis på grunn av den russiske sensuren, kunne ha forduftet om den ikke var blitt smuglet ut av Sovjetunionen av en journalistvenn, overlevert til Tsypkins sønn, som noen år tidligere var emigrert til USA, for så omsider, bare et par uker før Tsypkins død, å bli publisert i serieform i den amerikanske emigrantavisen *Novaja Gazeta*?[*]

---

[*]Det kan for øvrig også legges til at Herbjørnsrud ikke er den eneste norske

Når det gjelder Wergeland-diktet som omtales i Herbjørns-ruds novelle, er det på alle måter omsluttet med svært mye usikkerhet. Fortelleren fremstår – etter hvert – som temmelig overbevist om at diktet må finnes, men med sine mange modifiserende formuleringer bidrar han til å skape tvil rundt beretningens sannhetsgehalt: «sa de», «fikk jeg høre», «het det seg», «ble det sagt», «nevnte gamlingene», «forstod jeg», «tror jeg», «synes jeg å minnes», «fikk jeg vite», og så videre. Men som leser klarer man ikke å avfeie påstanden om et oversett Wergeland-dikt som en ren vandrehistorie. For ser man nærmere på novellens beskrivelser av diktet, minner det om så mye annet man med sikkerhet vet at Wergeland *har* skrevet. Novellen nærer seg naturligvis av denne usikkerheten, og gjør hele veien sitt beste for at gapet mellom fiksjon og fakta (eller, for den saks skyld: mellom velkjente og hittil ukjente fakta) ikke skal bli for stort. Dette bidrar ikke bare til at man aldri får seg til å avkrefte at diktet finnes – det bidrar også til at man fra tid til annen mistenker «Cain og Abel» for å være en allegori på Wergelands forfatterskap. Uansett tjener novellen som et inci-

forfatteren som har spekulert rundt hva Wergeland tillot seg å skrive og ikke. Georg Johannesen skriver i det inntil nylig upubliserte notatet «Uskrevne strofer, 'Den første sommerfugl'»: «Det er en kjent sak at det fins bøker som blir forbudt. Mindre kjent er det at det fins bøker som forbyr seg selv. De fins ikke og hvis vi er tilstrekkelig innforstått og enig med vår egen kultur legger vi ikke merke til at de ikke eksisterer. Vi synes 'Den første sommerfugl' er et godt dikt og vi savner ikke en eneste strofe. Vi vet at Wergeland skrev dikt til ære for trykkefriheten og vi går ut fra at han benyttet sin ytringsfrihet til å få uttrykt seg når noe gjorde inntrykk på ham. Mindre kjent er derfor den indre sensur, diktverk og strofer som ikke er skrevet av ideologiske grunner, som dikteren bevisst eller ubevisst solidariserte seg med. Dikterens livssyn var for ham kanskje en total verdensanskuelse. Men 130 år seinere skulle det vel være mulig å forestille seg at 'Den første sommerfugl' mangler en hel del strofer?» (Johannesen 2010: 130). I forlengelsen av disse betraktningene leverer Johannesen fire nyskrevne varianter av diktet.

tament til å lese Wergeland. For slik jakten på det forsvunne diktet leder Herbjørnsruds forteller gjennom hvert eneste av de 23 bindene som utgjør Wergelands samlede verker, inspireres man som leser til om ikke å fotfølge fortelleren, så til å sjekke opp en og annen referanse.

Ifølge de to gamlingene på aldershjemmet omtalte Sjur «Cain og Abel» som et «bygdedikt som flommer over sine bredder» (53); fra å skildre brodermordet, obduksjonen, skjelettet til den drepte og den påfølgende henrettelsen av gjerningsmannen, forflytter visstnok diktet seg til det politisk turbulente Europa, der de revolusjonære bevegelsene taper på alle fronter. Mer kan ikke gamlingene fortelle om diktets innholdsmessige side. Sjur våget som sagt aldri å lese andre halvdel for dem: Etter å ha gått gjennom de første sidene, dro han i stedet hjem for å hvile, utmattet som han var av spanskesyken – og som et ekko av Wergeland, som, etter å ha renskrevet diktet sommeren 1836, ble liggende alvorlig syk i over to måneder, ifølge novellens forteller av ren og skjær utmattelse. Wergelands mer offisielle biografi forteller at han høsten 1834 begynte på medisinstudiene ved Universitetet i Christiania, og at han følgelig *var* til stede på en rekke obduksjoner. Som også novellen opplyser om, er et av Wergelands mest kjente dikt, «Pigen paa anatomikammeret», inspirert av en slik obduksjon. Ser man videre på Wergelands levnetsløp, vet man at han var sengeliggende store deler av sommeren 1836, om enn av litt mindre noble årsaker enn et dystert dikt (enkelte kilder har hevdet at Wergeland var smittet av syfilis, en tolkning novellens forteller på et tidspunkt skal komme til å gå merkelig hardt ut mot).

Selve diktet har gjenklang i en rekke tekster som beviselig finnes i Wergelands samlede skrifter. Tidlig på 1830-tallet fremstår jo Wergeland som besatt av det revolusjonære Europa – bare dikttitlene fra denne perioden taler sitt tydelige språk:

«Det befriede Europa 1831», «Erobrerens sanger», «Bolivar», «Til en slavedømt», «Den norske Marseillaner. Syttende Mais-sang 1834» – og opprørene som siden ble slått ned, fremprovoserte mildt sagt tungsindige dikt av typen «Cæsaris». «Nu lever Han ene, men Jorden er bleven en Grav,» heter det tidlig i dette diktet, som ble skrevet i kjølvannet av den russiske tsarens nådeløse fremferd mot de polske opprørerne høsten 1831 (Wergeland 1918: 253). Også karakterene som opptrer i diktets tittel – Cain og Abel – kjenner man fra en rekke forskjellige steder i Wergelands forfatterskap. Cain dukker opp i dikt som «Sognefjorden», «Natur- og Menneske-kjærlighed» og «Juleaften», slik det også refereres til ham innledningsvis i det nevnte revolusjonsdiktet «Erobrerens sanger», der jeget snakker om «Cains Radd», Cains skjelett. I det samme diktets sjette strofe henvises det for øvrig til Byron, forfatteren av det lyriske dramaet *Cain*, et verk blant andre Sigmund Skard, i artikkelen «Byron i norsk litteratur i det nittande århundret», har forklart at Wergeland hadde god kjennskap til (Skard 1939: 78). Man presenteres også for det mytiske søskenparet i hovedverket *Skabelsen, Mennesket og Messias*, der Wergeland, tidlig i «Mennesket», gir sin tolkning av det bibelske brodermordet. Den umiddelbare foranledningen for mordet, i denne versjonen, er en grensetvist: Mens numedalsbøndene angivelig kom i krangel om en delestein, lar Wergeland her brødrene diskutere hvorvidt Abel har rett til å gjerde inn en del av det frie landskapet, og, i forlengelsen, utbryte som han gjør: «Se, denne / Eng er min!» (Wergeland 1920: 145). Pierre Joseph Proudhon, Wergelands samtidige og en av de viktigste teoretiske premissleverandørene for revolusjonen i 1848, hevder i sitt mest berømte verk, *Hva er eiendom?*, at den første tyven var den som satte opp det første gjerdet (Proudhon 1965: 26–27) – og man kan spore en lignende anarkistisk impuls i Cains vrede: «... thi Jorden du / bestjal, og Livet du / bedrog, / da Træerne du / mejed, om Engen / Gjærde slog» (Wergeland 1920: 146). Wergeland skulle siden utdype det delvis forsonende ved dette perspektivet. I «Historiens resultat» står det blant annet følgende: «Ikke fra Cains hjerte kom Mordslaget først og oprindeligt, men fra Konflikter imellem Brødrenes Interesser, fra en Reflexion over ulike Kaar, over Lykke og Ulykke, som denne Nummer To af Jordens Tænkere ikke kunde klare» (1927: 338).

Det er i denne sammenheng også verdt å nevne at Kain og Abel-motivet berøres i Charles Lafonts *Det ubekjendte Mesterværk*, et av de relativt få dramaene Wergeland oversatte. Stykkets handling er lagt til «et Sekel, som aabnedes med Raphael og Leonardo», og forteller om den fattige kunstneren Rolla, som, av hensyn til sin elskede Leonoras ære, ender med å ødelegge statuen av henne – en statue han de siste månedene har arbeidet på dag og natt, og som selv Michel Angelo (eller Michelangelo som dagens lesere vil kjenne ham som) omtaler som et mesterverk. Det er den samme Michel Angelo som et sted, som en kommentar til stykkets forviklinger, utbryter:

O Italienere! I sønderrive hinanden bestandigt ved eders Moders Barm, og I see ikke, at det kun er Udlandet som drager Fordeel af eders Tvistigheder! Gud, som har slaaet eder med sin Forbandelse, straffer i Eder den samme Forbrydelse, han straffede i Cain, nemlig Brodermord! (Wergeland 1937: 258)

Lafont presenterer myten om brodermordet i forbindelse med spørsmålet om kunstnerisk originalitet – noe man vel kan hevde at også Wergeland gjør, i det minste de gangene han diskuterer myten i dikts form. I disse fremstillingene kan mytens kampmotiv tolkes som et uttrykk for angsten for innflytelse. Det er da heller ikke noen steder i Herbjørnsruds forfatterskap man

40

finner tydeligere spor av denne fortolkningstradisjonen, enn i «Skjelettet og anatomiboka».

Hvorom allting er: Slik diktet forklares i Herbjørnsruds novelle, har det ikke bare tematisk gjenklang i Wergelands forfatterskap – selv på formuleringsnivå er berøringspunktene mellom «Cain og Abel» og Wergelands faktiske produksjon påfallende. Så vidt de to på aldershjemmet kan huske, omtaler Wergeland numedalsbondens skjelett som «en marmorhvit skygge av kroppen vår», en skygge som vil «lyse som alabaster» i tusenvis av år fremover; ribbeina skulle visst ligne «to harper», mens hodeskallen hadde farge «lik blekgul kvarts», en farge Wergeland kaller «jaspis»; videre minner hoftebladene om «sommerfuglvinger som er slått ut til flukt», slik ryggradens knokler ligner «forsteinede liljeknopper» (26). Alt sammen formuleringer som er å finne i prosadiktet den i overkant ivrige litteraturprofessoren så vidt nevner i en annen sammenheng, nemlig «Dødningskallen» – et dikt som, ironisk nok, har undertittelen «Sujet for Versemagere», og som Wergeland dermed selv oppfordrer andre til å dikte videre på.

Foreløpig kan man altså konkludere med at det finnes en rekke forbindelseslinjer mellom det forsvunne diktet i Herbjørnsruds novelle og Wergelands faktiske forfatterskap. Innenfor forfatterskapet går disse forbindelseslinjene i så mange forskjellige retninger at det er fristende å tolke «Cain og Abel» som en oppsummering av Wergelands produksjon. Fortellerens tolkning av diktet gir på sett og vis ytterligere belegg for en slik lesning, idet han selv skal komme til å forstå diktet i sammenheng med det som for ettertiden er blitt stående som et av de mest kjente trekkene ved Wergelands forfatterskap: engasjementet for jødesaken. Dette oppsummerende aspektet ved «Cain og Abel» åpner for at man kan spørre om diktet helst skal forstås som en allegori på Wergelands forfatterskap. Påstår

«Skjelettet og anatomiboka» at det er forfatterskapet som er i ferd med å forsvinne for oss? Og skal novellen i så fall forstås som en oppfordring til å lese Wergeland – før det er for sent? En slik oppfordring ville i og for seg være betimelig. Forstår man novellen på denne måten, kunne man hevde at den slår et slag for lesningens verdi. Hvis ikke litteraturen leses, går den tapt for oss. Og, i forlengelsen av dette: Et ulest verk er et ufullstendig verk. Denne tanken er da også typisk for romantikken, nærmere bestemt den tyske tidligromantikken. I *Athenäumsfragmenter* fremhever Friedrich Schlegel lesningen som en virksomhet som fullbyrder verket. Men hvis det er slik at «Cain og Abel» kan leses som en allegori på Wergelands forfatterskap, har dette – innenfor novellen – også helt andre implikasjoner. For fortellerens jakt på diktet tar etter hvert form som et forsøk på å verne det fra andre lesere. Dermed kan novellen like gjerne leses som et forsvar for det uleste verk – eller, i mer platonske ordelag: for det rene kunstverk.

«Mængden! O min Staty, skulde du vise deg for den?»

Kan man ta for gitt at all litteratur er skrevet for å bli lest? Holder man seg til forfatterskapene jeg kommenterte tidligere i kapitlet, kan man ikke uten videre svare bekreftende på dette spørsmålet. Dickinson må på et tidspunkt ha hatt en ambisjon om å bli publisert – henvendelsen til Wentworth Higginson kan vanskelig tolkes annerledes – og gitt alle diktene som ble sendt med brev til familie og venner, anså hun åpenbart ikke skrivingen som en hemmelig affære. Like fullt er det et ufravikelig faktum at store deler av produksjonen *ble* gjemt bort – uten å ha blitt lest av andre enn forfatteren selv. Tilsvarende er det naturligvis vanskelig å avgjøre hvorvidt arbeidene Kafka etterlot seg, ble skrevet fullstendig uten tanke på publisering, men instruksene han ga på dødsleiet, vitner ikke bare om at han vegret seg for å bli lest – han ville være garantert at han ikke skulle bli det. Og selv om Tsypkin, en god stund etter at romanen var ferdigskrevet, bifalt sønnens forsøk på å få den publisert i utlandet, kan man spekulere i hvorfor han selv aldri forsøkte å få den utgitt i en av de mange uoffisielle publiseringskanalene som tross alt fantes, også under sensurtiden. Det er dette som får Susan Sontag til å anta at Tsypkin mest av alt skrev «for 'skrivebordsskuffen'. For litteraturen selv» (Sontag 2006: 6).

Tanken om at et kunstverk skulle kunne eksistere bare for kunstverkets egen skyld, er utpreget romantisk, og den er beslektet med den platonske forestillingen om det rene kunstverk, ubesudlet av lesninger og tolkninger – en forestilling man på ulikt vis finner uttrykt hos flere av de romantiske dikterne. Er det ikke en slik forestilling som gjennomsyrer «Beskuelsen», åpningen av *Jan van Huysums Blomsterstykke*? «Plumpe Menneskebeundring, / som behøver Luft og Læber!,» skriver Wergeland – i frykt for at beundringen, når den formuleres, skal ødelegge det som beundres: «din tilbedte rene Kunst» (Wergeland 1922: 80). Et stykke ut i *Det ubekjendte Mesterværk* lar Lafont kunstneren Rolla utbryte for seg selv i lignende ordelag: «Mængden! O min Staty, skulde du vise dig for den?» (1937: 252). Og en tilsvarende impuls finner man altså hos Herbjørnsruds forteller. Utover i novellen blir det mer og mer klart for leseren at fortelleren forsøker å skape en Wergeland ingen kan se, en Wergeland som lever beskyttet fra resepsjonens mytedannelser, ja, fra ettertidens *bruk*.

Men fortelleren bidrar selv til mytologiseringen av Wergeland. Med god hjelp fra den beleste litteraturprofessor – skjønt belest, og apropos kjente motiver, her har man vel strengt tatt

43

å gjøre med en karakter som, lik en Don Quijote eller Emma Bovary, har forlest seg på sitt emne – gjengir fortelleren Wergelands liv og levnet ved hjelp av de mest kjente historiene fra, eller rettere: mytene om, Wergelands liv. Leseren blir minnet om vinflasken Wergeland skal ha slått mot pannen fordi han ikke kom til orde under en diskusjon, om låvebrua han skal ha hoppet utfor etter en ulykkelig kjærlighetshistorie, om den dyrekjære dikterens arbeidsrom, som skal ha vært fullt av levende og utstoppede dyr, og så videre. Samtidig kan den etter hvert så paniske jakten på diktet tolkes som et uttrykk for de to aktørenes sterke kanoniseringsvilje. Novellens utgangspunkt er riktignok at Wergeland *er* kanonisert – fortelleren omtaler ham allerede innledningsvis i novellen som «vår fremste lyriker ned gjennom generasjonene» (21) – men bare tanken på at produksjonen omfatter et hittil ulest mesterverk, fremprovoserer en rekke verbale utbrudd, det ene mer eksaltert og messende enn det andre, om Wergelands unike posisjon i norsk litteraturhistorie. Litteraturprofessoren uttaler seg et sted om Wergelands billedfantasi, som, angivelig, skal være «uten like i nordisk diktning», og bare sammenlignbar med «Shakespeares *ynglende* assosiasjonsrikdom» (35) – mens fortelleren selv understreker at møtet med forfatterskapet har hensatt ham i en fullstendig «lykkedille» (31). Slik antyder novellen, i det minste et stykke på vei, at kanoniseringen av Wergeland har fortont seg som en mytologiserende praksis. Om dette perspektivet fortsatt er betimelig, er det ikke nytt – man finner for eksempel innsikten igjen i Sigurd Aa. Aarnes' studie, *«Og nevner vi Henrik Wergelands navn»: Wergeland-kultusen som nasjonsbyggende faktor.* Aarnes gir i denne boka en oversikt over Wergelandforskningens historie, og påpeker blant annet sammenhengen mellom kanoniseringen av Wergeland, som ble innledet siste halvdel av 1800-tallet, og den nasjonalpolitiske utviklingen i det samme tidsrommet. En av hovedambisjonene er å vise hvordan den politiske venstresiden i denne perioden, som en protest mot det avpolitiserte Wergeland-bildet, fikk Wergeland til å fremstå som legemliggjøringen av en norsk nasjonalbevissthet (Aarnes 1991: 14–15). Poenget i denne sammenheng er at Wergelands forfatterskap i særlig grad aktualiserer resepsjonsrelaterte spørsmål, og det er spørsmålet om resepsjon som opptar Herbjørnsruds forteller – i minuttene før han finner diktet.

Omtrent midtveis i novellen lar Herbjørnsrud fortelleren henge seg opp i ettertidens formidling av en bestemt historie fra Wergelands liv. Ifølge fortelleren tar litteraturvitere feil når de hevder at Wergeland, da han ble liggende syk sommeren 1836, var smittet av syfilis. Selv er han hellig overbevist om at det var diktet som tappet ham for krefter disse sommermånedene, og bare tanken på de mange feiltolkningene som har versert opp gjennom årene, gjør ham fullstendig fortørnet: «[M]ens han lå naken, elendig og forsvarsløs ovenpå dynene i den tungpustede sommervarmen og svettet ut diktet 'Cain og Abel', ble han antastet og skjendet av vitebegjærlige» (69). Et annet sted undrer han seg over hvorfor «syfilis fremdeles er svært utbredt blant litteraturvitere, mens sykdommen for lengst er knektet hos andre yrkesgrupper» (65), før han kort tid etter slår fast at «syfilitiske bedrevitere i vår egen tid [har] kadaverknullet og besmittet Wergeland» (66). Billedbruken skal enn så lenge få stå ukommentert – for fortelleren har mer på hjertet:

> [...] Forbitrelsen [over litteraturviterne] skyldtes nok at det var noe inne i meg selv jeg ville hegne om og verge mot inntrengere. Noe som var så nytt og fremmed at det ennå ikke hadde fått navn. Noe umistelig som det gjaldt å skjerme. Kall gjerne dette ubestemmelige for en kjerne eller en groe eller den aller

første skissen til et eller annet særlig. Navnet betydde ingenting der og da. Men jeg følte så det hutret i meg at det måtte være noe grønt og uprøvd som var helt mitt eget. Kanskje var det Wergelands ukjente dikt som hadde slått rot under hjertet mitt og allerede skutt sine to frøblad. I tilfelle var diktet mitt. Men iallfall kunne jeg merke at noe egenartet spirte i kroppen min der det lå og slurpet av hjertet slik buormen glupsk suger ut et vipeegg.

Og dunkelt ante jeg at når visse litteraturelskere med skakk legning for diktere hadde klart å besmitte Wergeland posthumt, kunne også det jeg var på fallende fot med, komme i fare. Jeg levde jo, så lenge det varte. Desto mer utsatt var jeg. Frykten min fikk endelig noe å bli redd for, og den klamret seg til redselen. For jeg skjønte nå at litteraturvitere er så vitebegjærlige at de ikke bare vil kjenne sine yndlingsforfattere ut og inn, men de vil også kunne dem forfra og bakfra, og faren for venerisk smitte er derfor både overhengende og underliggende. Wergeland er bare ett av mange offer. Shakespeare er naturligvis hardt angrepet. Arthur Rimbaud, som døde i 1891 etter at en betennelse i foten slo over i koldbrann, har dødd hundrevis av ganger etterpå i syfilis. Sigrid Undset, som etter sin død i 1949 har hatt utallige affærer med de vitebegjærlige, er merkelig nok ikke blitt smittet, men hennes far, arkeologen Ingvald Undset, strøk med i syfilis allerede i 1893 etter at han hadde hatt et posthumt sidesprang med datterens biograf 96 år etterpå, i 1989. Ja, litteraturhistorien kryr av offer, og de vitebegjærlige prøver så godt de kan å kurere seg selv og sine yndlingsforfattere med kvikksølv, malaria og jodkalium. Siden sykdommen også kan angripe sentralnervesystemet og hjernen, er det ikke til å unngå at biografiene og avhandlingene de begjærlige viterne skriver, blir like bløte som dem selv. (66–67)

Wergeland beskrives her som et offer for resepsjonen, og selv om fortellerens forbitrelse over syfilishistorien er troverdig nok, er det nærliggende å tolke utbruddet som uttrykk for en mer generell misnøye over at Wergelands liv og levnet i det hele tatt er blitt fortolket. For *så* samstemte er tross alt ikke kildene: Yngvar Ustvedt omtaler i sin biografi sykdommen som en kjønnssykdom (Ustvedt 1994: 284); Leiv Amundsen skriver på sin side at Wergeland, fra midten av juni og hele juli 1836, var «syk og sengeliggende», men sier ingenting om sykdommens art (Amundsen 2008: 91); Odd Arvid Storsveen anfører derimot at «[d]et kan ha vært en kjønnssykdom der det ble foreskrevet hvile og sengeleie, men sykdommen er ikke nærmere beskrevet» (Storsveen 2008: 268). Uansett utstyrer syfilishistorien fortelleren med et vokabular som gjør det mulig for ham å beskrive den volden man kan hevde at enhver lesning gjør mot en tekst.

Når Harold Bloom forstår tradisjonen og forholdet mellom tradisjonens skikkelser som et nettverk av feillesninger, mener han, som nevnt innledningsvis, å vise hvordan én forfatter, bevisst eller ubevisst, kan forvrenge og tilpasse en annen forfatters verk – men det finnes også en relativt sterk tradisjon for å hevde at *enhver* lesning er en feillesning, i den forstand at enhver lesning fremhever enkelte aspekter ved en tekst på bekostning av andre, gjør teksten mindre mangfoldig og tvetydig enn den i utgangspunktet er. Det er denne prosessen fortelleren i «Skjelettet og anatomiboka» blir opprørt over (og som man også finner spor av motstand mot i sitatene fra *Blomsterstykket* og *Det ubekjendte Mesterværk*): Ettertidens lesere har ganske enkelt gjort Wergelands liv og verk til noe annet og mindre enn det egentlig var, og har på dette viset også, med fortellerens terminologi, antastet, skjendet og besmittet det. Om man ser bort fra den moraliserende tonen og den lettere spastiske måten denne tanken er formulert på, har den et stykke på vei gjenklang i Sigurd

47

Aarnes' poeng om at Wergelands person og forfatterskap er blitt brukt (og misbrukt) i så mange ulike sammenhenger. Når fortelleren selv, etter å ha fått høre så mye om diktet, mener å være «stinn [av] en uberørt Wergeland-tekst» (68), ser han det følgelig som sin eneste oppgave å beskytte teksten mot inntrengere – det vil si: lesere. Og hvis så «Cain og Abel» kan leses som en allegori på Wergelands forfatterskap, fremstår da ikke lenger novellen som en oppfordring til å lese Wergeland, men tvert imot som en anmodning om å la ham være... Om novellen åpner for en slik lesning, avklarer den ikke diktets betydning for fortelleren. For fortelleren selv er den første til å tolke diktet ut fra egne erfaringer og forutsetninger – ja, det er som det å skjerme diktet fra andre, fristiller ham til dette, å lese det som han vil, uten å bli korrigert. Sammenhengen han skal komme til å tolke diktet inn i, er typisk for Herbjørnsruds fortellere. Det fremkommer aldri i klartekst, men novellen lar en forstå at fortelleren leser diktets dystre profetier som en spådom om den store katastrofen i hans eget århundre: jødeutryddelsen under andre verdenskrig.

En flaskepost: Fortellerens «Cain og Abel»

«Poesi sikter på fremtiden. Prosa høver for nåtiden,» påstår fortelleren mot slutten av novellen, og knytter slik, indirekte, an til poesibegrepets etymologiske opprinnelse (101). *Poiesis* kjenner man som det greske ordet for skaping og frembringelse. Ordet refererer både til frembringelsen av fysiske gjenstander, som et hus, og til menneskets språklige frembringelser, som diktekunsten. Begrepet blir blant annet omtalt og forklart av Aristoteles i *Den nikomakiske etikk*, der han skiller mellom tre former for tenkning – teoretisk (theoria), praktisk (praxis) og produktiv (poiesis). Disse tre tenkemåtene krever ifølge Aristoteles ulike dyder, og de gir innsikt på forskjellige områder. Mens den teoretiske tenkningen er knyttet til dyden viten og gir oss innsikt i hvordan noe *er*, så er den praktiske tenkningen forbundet med dyden klokskap og skal gi oss innsikt i hvordan noe *bør* være. *Poiesis* – den produktive tenkningen – skiller seg fra begge disse tenkemåtene, fordi den med dyden kunnen gir oss innsikt i det potensielle, i forestillingene, i det som kan bli (Aristoteles 1999: 60–61). Eller med Herbjørnsruds forteller: Den sikter på fremtiden.

Denne poesiforståelsen får sitt mest konkrete uttrykk gjennom fortellerens beskrivelser av den store brønnoperasjonen. Leseren får som sagt vite at de to brødrene, fortelleren og tvillingbroren, fyller opp den uttørkede brønnen med skjelettet, anatomiboka og de to diktene, i tillegg til alt mulig skrot – operasjonen fremstår unektelig som en invertert versjon av oppryddningsprosessen på materialrommet – for så å skyte alt sammen 7000 år inn i fremtiden. Men brønnen i Herbjørnsruds novelle er også en mytebrønn – et sted Wergelands poesi, ifølge myten, så å si har sin opprinnelse. I et av brevene til fortelleren kan professoren berette at Wergeland, natt til 5. juni 1825, skal ha krøpet ned i brønnen på Eidsvoll prestegård og, kort tid etterpå, steget opp igjen med en hvit brønnål i neven. Ålen skal han ha spist til frokost dagen etter, og to uker senere, 19. juni 1825, sto hans første dikt på trykk i Morgenbladet. Nedstigningen i brønnen gjorde ham med andre ord til dikter, til en visjonær, til en som kan produsere og ivareta forestillinger – tenke produktivt, i aristotelisk forstand.

Det er igjen også verdt å minne om Herbjørnsruds forkjærlighet for bestemte rekvisitter, bestemte formuleringer, bestemte språklige bilder. Det dukker nemlig ofte opp en brønn i Herbjørnsruds historier – når fortelleren i «Vi vet så mye», som neste kapittel vil dreie seg om, skal beskrive naboens forfatning etter ti døgn under jorda, bemerker han blant annet: «Naturligvis var han blitt døgnvill som en hvitål i brønnen» (2003: 634). Det går av og til automatikk i Herbjørnsruds bruk av bestemte motiver – forbindelseslinjene mellom novellene trenger ikke alltid være like tilsiktede eller betydningsfulle – men i dette tilfellet er berøringspunktene interessante. Som leser aner man en sammenheng mellom naboens rekonstruksjon av det grusomme som *har* skjedd, og diktets spådommer om det forferdelige som *skal* skje. Også andre aspekter ved «Skjelettet og anatomiboka» bidrar til å understøtte en slik antagelse.

Forestillingens betydning vektlegges på forskjellige måter gjennom hele novellen. Symptomatisk nok blir man aldri helt sikker på om fortelleren på noe tidspunkt har lest «Cain og Abel». «Innholdet i diktet har jeg glemt det meste av,» hevder han selv, uten å avklare om det er et innhold han har fått referert – eller selv lest seg til (101). Så vidt leseren forstår, tør han knapt smugtitte på sidene når han finner diktet: «Fire bokstaver kunne jeg se: *dren*. Ikke flere. Bare disse fire bokstavene: *dren*. Kanskje slutten av et ord. Jo, sikkert. Siste stavelsen av et ord: *dren*» (72). Mye tyder på at fortellerens tilgang til diktet hele tiden går via de to på aldershjemmet, og at han med utgangspunkt i opplysningene han får herfra, spinner videre på egen hånd. Dette siste er fortelleren selv den første til å innrømme:

Riktignok var de jordiske levningene av «Cain og Abel», som gamlingene viste fram, ikke noe mer enn et nakent skjelett av et dikt. Men dette skjelettet måtte samtidig være diktets ånd siden det kunne få et slags varig liv i erindringen til 79-åringene. De hadde ikke bare utstyrt beingrinda med en livfull historie og en sørgelig skjebne, men også gitt dette utkastet til et menneske

50

kjøtt på beina. Og sant å si har jeg knapt opplevd noe annet dikt som så grådig kan overfalle tankene mine og sluke dem rå for siden å gulpe opp knokler og annet ufordøyd. (48)

Hva består så dette overfallet i? I første omgang får historien om diktet fortelleren til å forestille seg Wergelands ulike bevegelser – under obduksjonen, i forelesningssalen, under arbeidet med diktet, og så videre – men, til sin egen overraskelse, blander han seg gradvis også inn i selve utformingen av diktet. Ja, han går så langt som å korrigere Wergeland. For ifølge fortelleren skuet Wergeland feil da han beskrev ribbeina som tvillingharper. Musikken han selv hører komme fra diktet, er ingen harpemusikk, men en form for fløytemusikk – som stammer den fra en indiansk panfløyte. Passasjen er på sett og vis eksemplarisk, den kunne knapt ha illustrert Blooms poeng om tradisjonens korrektivbevegelser mer til fulle. Bloom omtaler den ene av disse bevegelsene som *clinamen*, og han utlegger den som en bevegelse som impliserer at forgjengerens dikt hadde rett inntil et visst punkt, men så burde ha utviklet seg i en litt annen retning – den retningen den nye teksten foreslår. Det er snakk om en erobring, og etter hvert som man leser «Skjelettet og anatomiboka», er det dette inntrykket man sitter igjen med: at fortelleren kupper diktet.

Det starter forsiktig. Sjur skal ha omtalt «Cain og Abel» som et verdensdikt og så vidt man forstår, også påpekt at det streifer innom «tyrannenes Europa, som var splittet opp i sekter av forbitret meningshat» (54). Fortelleren hevder på sin side at diktet beskriver menneskets anatomi, at det forsøker å «skjære inn til benet og blottlegge beingrinda i menneskesinnet slik at det kan få svar på et spørsmål Wergeland stilte noen år tidligere: Hvorfor skrider menneskeheten så langsomt fram?» (53)? Hvor fortelleren har dette fra, får man ikke vite, og siden det ellers stort sett fremkommer hvem som sier hva om diktet, er det grunn til å mistenke ham for å ha tenkt det ut selv. Teksten han alluderer til, er den mollstemte artikkelen «Hvi skrider Menneskeheden saa langsomt frem», en artikkel Wergeland signerte med *Cosmopolita*, verdensborger, og hvor han blant annet diskuterer misforholdet mellom de i hans århundre liberale politiske forfatninger og de mer fasttømrede og reaksjonære religiøse. Wergeland tar her kort sagt til orde for nødvendigheten av å reformere synet på religion og religionene som sådan, og på én måte overrasker det derfor ikke leseren at fortelleren i «Skjelettet i anatomiboka», bare kort tid etter denne henvisningen, hevder at de dystre profetiene i diktets andre halvdel hadde avgjørende betydning for Wergelands senere engasjement i jødesaken. «Ikke minst lærer diktet ham hvor livsens viktig det er å kjempe for jødenes sak,» står det å lese (54) – men for leseren er det ikke helt klart hva det er ved diktet som begrunner denne spesifikke koblingen. Fortelleren utlegger det videre slik:

Tolv av strofene skuer i et langsyn noe som er så nifst og vanvittig at han helst ville ha strøket dem alle hvis det bare hadde stått til ham. Som en direkte følge av denne framtidsvisjonen, reiser han allerede året etter, i 1837, jødesaken. I juni to år senere mottar Stortinget hans begrunnede forslag om å oppheve det siste avsnitt i Grunnlovens paragraf to som nekter jøder adgang til Norge. (54)

De samme tolv strofene fikk i sin tid Sjur til å utbryte at diktet hadde sett for mye, at det stirrer inn i en fremtid som «ingen av oss er sterke nok til å skue» (22). Hvordan denne fremtiden ser ut, hva katastrofen består i, får man ikke høre veldig mye om. Til gjengjeld dveler både Sjur og de to på aldershjemmet ved omslaget i diktet. Den ene av gamlingene minnes blant annet:

[D]er Sjur sluttet å lese, ser Wergeland ryggraden for seg som en hvit brønnål. Dikteren skuer det liksom i et syn at denne beinhvite ålen svømmer i stummende mørke dypt inne i mennesket. Ålen er blitt vasket skinnende hvit av det svarte og lyser i mørket, husker jeg at det stod i diktet. Ja, men jeg husker det ikke ordrett, da, kan du skjønne. Men jeg ser bildene så skarpt for meg den dag i dag. Ryggraden bukter seg som hvitålen på bunnen av en brønn, slik omtrent stod det i diktet. Ålen snor seg føyelig og følger jamsides med alle våre bevegelser, husker jeg det stod. Og hvis jeg lukker øynene, ser jeg denne brønnålen slingre dypt nede i mørket inne i meg. Ja, det kan jeg se så tydelig. Å sammenligne ryggraden vår med en hvit brønnål er underligere enn snodig. Men det må vel være fordi jamføringen er så forbløffende at jeg husker denne ålen så godt etter alle år. Eller fordi jeg var ung og mottagelig. Eller fordi det var den dødssyke Sjur som leste diktet opp i den siste timen vi hadde med ham. Når jeg i somrene etterpå kravlesvømte og dukket i elvehølene, kom jeg ofte til å forestille meg at ryggraden min var en slik hvit ål som snodde seg fram både inne i kroppen og nede på brådypet i elva. Og jeg synes også å huske at diktet snakket om en hvit flamme som blafret og skinte i mørket dypt inne i oss.

I diktets andre halvdel, som Sjur altså ikke våget å lese opp, forvandles visstnok denne uskyldshvite og smidige brønnålen til å bli «bekende svart» og «staurstiv og steindød», mens ryggraden, ifølge den samme gamlingen, skal

53

vokse ut til en ålesvart hale [...]. Og denne rova er lengre enn føttene. Og der disse skapningene går fram, roter rova opp jorda bak dem som et plogskjær. Og når de har gått lenge nok slik, er det ikke lenge før de faller ned på fire. Da blir det jo lettere å ta seg fram for dem. Når rova står rett ut i lufta, mener jeg. For den er hard og ubøyelig som en jernstang. Og da er det en fordel å gå på fire slik at rova ikke pløyer opp marken. (26–27)

Det er unektelig så man kan bli minnet om et par av versene fra Wergelands kanskje mest kjente dikt, «Følg kaldet!», fra samlingen *Jødinden*: «Ung maa Verden endnu være, [...] / Endnu leve Chaos' Dyr: Megazaur i Amazonas, / Leviathan, som tog Jonas, / og uhyre Kjæmpeslange» (Wergeland 1919b: 389). Wergeland spør ikke lenger hvorfor menneskeheten skrider så langsomt frem – tretten år er gått, og han slår det simpelthen fast: Ung må verden ennå være. Hovedårsaken til denne utviklingen er nederlaget i nettopp jødesaken, en sak som i stadig større grad preger Wergelands forfatterskap fra 1836 og utover. Foruten de tekstene Herbjørnsruds forteller henviser til, «Om Forandring af Grundlovens § 2» og «Forslag til Ophævelsen af Grundlovens § 2, sidste Passus», finner man *Indlæg i Jødesagen, Jødsagen i det norske Storthing* og de to diktsamlingene *Jøden. Ni blomstrende Tornequiste* og *Jødinden. Elleve blomstrende Tornequiste* som de mest sentrale innleggene i debatten. Den omstridte passusen, som Wergeland i «Forslag til Ophævelsen» omtalte som «den saa intolerante Bestemmelse», forbød jøder enhver tilgang til Norge, og var formulert på følgende måte: «Den evangelisk-lutherske Religion forbliver Statens offentlige Religion. De Indvaanere, der bekjende sig til den, ere forpligtede til at opdrage sine Børn i samme. Jesuiter og Munkeordener maae ikke taales. Jøder ere fremdeles udelukkede fra Adgang til Riget» (1925: 229). Wergelands begrunnelse for å oppheve denne passusen, er, slik den formuleres i dette skriftet, todelt. Grunnloven var for det første paradoksal – alt i alt var den blant Europas mest liberale, men når det kom til religiøse spørsmål, var den blant de mest intolerante: «Den ægte liberale Aand, der gaaer igjennem de i Grundlovens sidste Deel opstillede Lovgivningsprinciper, gjenfinder man desværre ikke i den Maade, hvorpaa de religiøse Forholde her i Landet ved Lovens § 2 ere ordnede» (1934: 131). Grunnlovens liberale karakter var ingen garanti mot illiberale impulser. Eller som Herbjørnsruds forteller – utilsiktet, muligens – utdyper det, når han et sted hevder at han som lærer på Sagaheim hadde en tendens til å bruke ord som var så store at de ble fullstendig innholdstomme: «Ordet svart fikk plass inne i ordet hvitt, og ordene frihet, likhet og brorskap var leieboere hos ordene trelldom, ulikhet og illvilje» (96). I forlengelsen av dette, og som en andre hovedinnvending, er Wergelands poeng at Norge, på dette punktet, var tilbakeliggende sammenlignet med resten av Europa; bare Spania fremsto som like akterutseilte – og det, forstår man, var ingen trøst: «Katholsk Intolerance er afskyelig, men en protestantisk, et protestantisk Spanien i Intolerance, er endnu afskyeligere. Og *det* er Norge paa Papiret» (1925: 244).

Helt søkt er fortellerens påstand om diktets forbindelse til jødesaken altså ikke – men det *er* ingenting av det leseren får høre om «Cain og Abel» som forklarer den. Tvert imot sitter man igjen med inntrykket av at diktets innhold er generelt, at det med utgangspunkt i én enkelt hendelse søker å si noe overordnet om menneskehetens utvikling, og at det er fortelleren som insisterer på å spesifisere tematikken. Dette inntrykket forsterkes av en passasje litt senere i novellen, der fortelleren – igjen – ser ut til å korrigere Wergeland, idet han påstår at det på et eller annet tidspunkt må ha gått opp for Wergeland at menneskene som skulle stå bak fremtidens katastrofe, ikke var uhyrer, slik han til å begynne med forespeilte seg, men helt vanlige mennesker. Og dét, tenker fortelleren, var til syvende og sist det mest forferdelige ved spådommen:

> Nei, de var slett ikke uhyrer slik han hadde håpet og trodd. Ikke rømlinger fra helvete. De var mennesker, så han. Helt alminnelige mennesker. Hverdagslige mennesker. Skinnbarlige. Skremmende mennesker. Unge menn med glatte kinn og bløt munn og godmodige øyne. Så menneskelige at de ikke kunne være umenneskelige. (63)

Beskrivelsen av de ansvarlige minner mye om den forbryter-typen Hannah Arendt mente å se konturene av under rettssaken mot Adolf Eichmann – ja, om det som etter hvert er blitt selve klisjeen på den nazistiske forbryter: Den pliktoppfyllende fangevokter som i arbeidstiden deltar i massemord, før han drar hjem til kone og barn og tilbringer kvelden ved pianoet. Som leser kan man dermed nesten ikke unngå å assosiere i retning av de forbrytelsene som ble begått under andre verdenskrig. Samtidig kan man ikke helt få seg til å tro at dette er en forbrytertype Wergeland kunne se for seg. En av grunnene til at Arendts bok ble så kontroversiell som den ble, var jo at hun beskrev Eichmann som så alminnelig – så sent som i 1963 var dét for mange det mest opprørende. Gjør fortelleren så diktet til noe annet enn hva det egentlig er? Slik tilfellet ofte er med Herbjørnsruds noveller, leder spørsmålet mot en labyrint, for som leser kan man som sagt ikke engang vite om diktet virkelig finnes. Men at fortelleren kupper det, ja, det er det liten tvil om. For hva skal man tro om novellens implisitte påstand – at Wergelands aller beste dikt nå bare finnes ivaretatt innenfor *denne* tekstens rammer? Hevder novellen at den har absorbert Wergeland? At den fullfører et prosjekt Wergeland selv ikke var i stand til? Eller bare at den fortsetter der Wergeland slapp?

Etter at fortelleren er blitt fortalt om «Cain og Abel», og etter at han har saumfart Wergelands samlede skrifter, begynner det nemlig å vrimle av Wergeland-sitater – det er, for igjen å knytte an til fortellerens omtale av Wergeland-resepsjonen, som en slags smitte, som om fortelleren plutselig ikke lenger klarer å verne teksten han selv skriver, novellen vi leser, fra Wergelands skrift. «[D]en manisk-depressive Wergeland,» kan man lese, «som i en sørgmodig stund bare behøvde et glimt av solen for å briste i høy latter av en glede han ikke kunne forklare seg» (45). I et av Wergelands mest omtalte dikt, «Mig selv», lyder det som kjent: «*Jeg* i slet Lune, Morgenblad? *Jeg*, som kun behøver et Glimt af / Solen for at briste i høi Latter af en Glæde jeg ikke kan forklare mig?» (Wergeland 1919a: 337). Når fortelleren ser for seg Wergeland idet han får ideen til «Cain og Abel», heter det videre: «Og mens han skriblet, pustet og peset han så høylytt at det hørtes ut som om han ville blåse livsens ånde inn i ribbeinas tvillingharper» (49) – og deretter: «[Han strakte] hals, løftet hodet opp til brystkassa og trykket munnen mot ribbeina, mot ribbein etter ribbein, i forte kyss» (51). «Ribbeinas tvillingharper» er en formulering man også kjenner fra Wergelands «Dødningskallen» (da, rettere, som «Ribbenenes Tvillingharper») – et dikt som lar den sjette strofen innledes med: «Gaa til Tingenes Væsen! Føl Henrykkelsen, Dødelige, i at omfavne denne Hvirvelsøile! [...] Bedæk med tusinde brændende Kys de fiintdreiede Knogler, lige forstenede Lilieknopper...» (Wergeland 1919a: 353).

I denne sammenheng er det ikke minst verdt å nevne fortellerens beskrivelse av diktets funksjon, der han, slik Wergeland i sin tid omtalte «Seerens Sang» som et «foranskudt Lyn» (1918: 392), anfører følgende om «Cain og Abel»: «Som et foranskutt lyn kastet diktet lys over en sotsvart framtid. Diktet varskudde om at noe uhørt ville inntreffe før eller siden. Og det som skulle skje, ville kanskje skje og skje og aldri holde opp med å skje» (63). En lignende påstand finner man litt senere i novellen, når fortelleren, denne gangen som en hilsen til Welhaven, hevder at «i poesien tvinger rytmen fram det unevnelige» (101). Hva er så dette uhørte, dette unevnelige? Trofaste lesere vil vite at det ikke er første gang en av Herbjørnsruds fortellere bruker ordet. I «Vi vet så mye» er det naboens groteske rekonstruksjon av holocaust som sirkles inn som noe uhørt – som fortelleren selv formulerer det: «Det begynte å demre for meg at jeg var blitt skjøvet inn i en dynamikk som presset meg framover mot et eller annet uhørt» (2003: 621). Er det også *dette* uhørte fortelleren i «Skjelettet og anatomiboka» sikter til? Han ville i så fall ikke være den eneste til å insistere på Wergelands seergave, og på at denne tillot ham å forutse andre verdenskrig. Nordahl Grieg hevder for eksempel i diktet «Wergelandsfanen», skrevet mellom juni 1941 og juli 1943, at: «Alt var blitt sagt av geniet, / men slektene hørte ham ikke: / Aldri nådde hans syner / frem til noen despot!» (Grieg 1966: 204). Man kunne også hevde at det er den samme tanken som ligger til grunn, når historiker Kristian Ottosen låner tittelen til sin bok om deportasjonen av de norske jødene, *I slik en natt*, fra Wergelands dikt om den omreisende jøden Gamle-Jakob, «Juleaftenen» – et av hoved-diktene i *Jøden*. «I Jesu Navn, hvem der i slig en Nat?», lyder spørsmålet Gamle-Jakob blir møtt med, da han en kald vin-ternatt, med et lite pikebarn i armene, banker på en tilfeldig dør for å søke ly for natten, men uten å få slippe inn (Wer-geland 1919b: 33). Det er derfor ikke til å undres over at det diktet Herbjørnsruds novelle først og fremst går i dialog med, er «Følg Kaldet!» – for ettertiden det mest kjente diktet fra *Jødinden*, og også det mest eksplisitte uttrykket for Wergelands poetikk. For samtidig som fortellerens forestillinger om diktet løper fullstendig løpsk, blir man som leser vitne til at følgende dialog utfolder seg mellom novellen og diktet, Herbjørnsrud og Wergeland:

Herbjørnsrud: «Dypt inne i det jeg bare sløret kunne ane om dette diktet, så og hørte jeg Wergeland sitte som en indian født imellom indianer, mellom ville floridaner, eller som en araukan fra Peru og si fram 'Cain og Abel' for en lyttende krets på bredden av en flod midt i tykkeste jungelen». (52)

Wergeland: «Heller som en Indian / født imellem Indianer, / mellem vilde Floridaner / eller som en Araukan». (1919b: 387)

Herbjørnsrud: «Iallfall streifer diktet også tyrannenes Europa, som var splittet opp i sekter av forbitret meningshat. Indianerstammene i Perus urskoger levde et fredsommeligere liv». (54)

Wergeland: «Vestens Indianer ikke / ere i saa hadske Slægter / skjøndt hverandres Blod de drikke, / splittede i Skoven ad / som Europa er i Sekter / af forbittret Meningshad». (388)

Herbjørnsrud: «Samtidig føler han avmakt. Han sitter bortgjemt i en krok av Europa og skriver på et språk som han synes ikke når stort lenger fra munnen enn den raggete frostånden han pustet ut i januarkvelden før han gikk inn på hybelen og satte seg til skrivebordet». (54–55)

Wergeland: «… lider dog / ei den arme Digters Vaande / som i lidet Folk er født, / hen i Verdens Hjørne stødt, / med et Sprog,

/ som ei rækker fra sin Krog / længer end dets Læbers Aande».
(387)

Herbjørnsrud: «Gjerne skulle han nå ha vært en indian imellom indianer og levd i et samfunn der hans stammefrender høyaktet skalden, lærte hans dikt utenat og gjemte ordene i hjertet slik at pulsen deres i arbeid og hvile og søvn dulpet i den samme hoggende rytme som versene hans fikk når han skanderte dem».
(55)

Wergeland: «Skjalden agte de som Præst, / hente ham til hver en Fest, / bygge ham en Palmehytte, / sidde ved hans Ild og lytte / lære Sangen nøje efter / Ord for Ord, / og hans omkvad de i Chor / juble med af alle Kræfter. / Naar han saa er død, de Gamle / hvert hans Kvad nøiagtig samle, / og de Unge / arve det paa deres Tunge». (387-388)

Herbjørnsrud: «Men i den norske bakevja han sitter og skriver i, lenker de kvassøyde kongeørner til grindstolpen og bruker dem som vaktbikkjer». (55)

Wergeland: «Kongeørn, med Lænke spændt / om sit Been og Vingen brudt, / som i over tyve Aar, / siden den blev halvdød skudt, / har for simpel Gaardhund tjent / paa en ensom Bondegaard». (387)

Som Herbjørnsruds forteller et sted bemerker, mottok Stortinget Wergelands forslag til grunnlovsendring i juni 1839. Da forslaget ble behandlet drøye tre år senere, høsten 1842, var det flertall for å endre paragrafen – men ikke stort nok til at den ble det. Forutså Wergeland nederlaget? I «Tidselskjægplukkeren», diktet som avslutter *Jøden* – utgitt bare et par måneder før saken skulle opp i Stortinget – påstår han i hvert fall at den eneste engelen som er forblitt mennesket trofast, er «Ligegyldighedens vingeløse, med de døde Øine, de fede Kinder og de selvbehagelige Smiil [...]. Den fører dig forbi Lidelsen, med bortvendte Øine, som forbi en forbandet Saltstøtte» (1919b: 48). Og den Wergeland man møter i *Jøden* og *Jødinden*, er en resignert Wergeland – en dikter som, tross glødende kamprop som «Fremad, Ord, I Sandheds Helte» (20), og innstendige formaninger som «Arbeid [...] trøstig som Drengen på Tidselheden!» (49), ikke synes å ha noen tro på ordenes virkning, og heller ikke på sin egen diktning. Som det står å lese i «Sandhedens Armée», det aller første diktet i *Jøden*: «Ord? Som Verden saa foragter? / Ord i Digt? / Endnu meer foragteligt!» (19).

Mot slutten av «Følg Kaldet!» spør jeget: «Skulde Skjaldens Ord, [...] / Eneste i Verden være, som foruden Spor og Minde / kan forspildes og forsvinde?» (390). Ligger det så et element av forbarmelse i det at det primært er diktene, ordene, fra akkurat disse samlingene Herbjørnsruds forteller påkaller i sin egen tekst? Eller dreier det seg like mye om en dyp gjenkjennelse? For et sentralt anliggende i novellen er spørsmålet om litteraturens funksjon. I første omgang kommer dette til uttrykk gjennom beskrivelsen av diktets innhold. Ifølge de to på aldershjemmet skal Sjur ha sammenlignet «Cain og Abel» med «doggdråpen øverst på grasstrået som i en døkk augustnatt både speiler den svake gløden fra sankthansormen på marken under seg og den veldige stjernevrimmelen på himmelen over seg» (53–54). Slik antyder han at diktet har en ambisjon om å være universelt – at det, med utgangspunkt i det partikulære, en enkelt episode, søker å favne om det allmenne. Sjurs formulering slekter da også på de berømte åpningslinjene i William Blakes «Auguries of Innocence» – «To see a World in a Grain of Sand / And a Heaven in a Wild Flower / Hold Infinity in the palm of your hand / And

Eternity in an Hour» – som for ettertiden er blitt stående som et av de vakreste uttrykkene for den romantiske dikters lengsel etter enhet og helhet, etter å bli ett med det uendelige verdens-altet (Blake 1988: 490). Det er denne overskridelsestrangen som får Friedrich Schlegel til å omtale den romantiske poesien som en progressiv universalpoesi. I *Athenäums-fragmenter* utlegger han den som en poesi i stand til å overskride de tradisjonelle grensene mellom ulike sjangere og kunstformer, og mellom liv og verk, kunst og samfunn. Denne impulsen er tydelig i både «Cain og Abel» og «Auguries of Innocence». Begge diktene springer ut av en personlig erfaring – det er bare dikteren selv som kan se, og formidle, hvordan en hel verden gjenspeiles i et lite sandkorn eller én enkelt doggdråpe – men hvert av dik-tene påstår også, implisitt, at poesien, gjennom et slikt blikk, kan favne om et helt samfunn, et helt univers, og bli en form for historieskrivning.

Dette, kunne man hevde, er igjen en måte å tilskrive diktet større samfunnsmessig betydning på – og novellens forteller er påfallende opptatt av dette aspektet ved «Cain og Abel». «Dik-tet skjerper og forfiner [Wergelands] politiske innsikt,» anfører han i forbindelse med utlegningen av Wergelands engasjement for jødesaken – og fortsetter: «Det estetiske oppdrar ham til etiker» (54). Slik lar også Herbjørnsrud diktet, og karakterenes spekulasjoner rundt det, utgjøre inngangen til en mer overord-net diskusjon om forholdet mellom kunst og moral, estetikk og etikk. Dermed løfter «Skjelettet og anatomiboka» fram en problemstilling som ellers bare har ligget latent i forfatter-skapet.

Grumsete drømmetanker

Hvorfor tar Herbjørnsruds forfatterskap form som et så voldelig univers? Det er ikke sikkert spørsmålet har ett godt svar, og det kan også hende at spørsmålet er feil stilt, all den tid det vel impliserer at den insisterende kretsingen rundt menneskets vold mot sin neste er uttrykk for en gjennomtenkt poetikk fra forfatterens side – og slik trenger det ikke nødvendigvis være. Like fullt er det grunn til å spørre. For hva skulle være poenget med å blottstille menneskenaturen på denne nådeløse måten? Herbjørnsrud blir i et intervju med Alf van der Hagen spurt om de mange voldsbeskrivelsene ikke skyldes en fascinasjon for brutalitet, og selv om Herbjørnruds raskt avkrefter dette, er spørsmålet viktig (van der Hagen 1996: 53–54). Ikke bare i seg selv, men også fordi det får en til å stille nye: For vil novellene noe med oss når de – som i «Drenering 1963» – inngående skildrer hvordan en far kapper hodet av sønnen sin? Vil de noe med oss når de aldri tillater karakterene å glemme fortidens traumer? Når de, et halvt århundre etter krigens slutt, lar en bonde fra det indre Østlandet rekonstruere holocaust på sin egen låve? Når de lar seg fylle opp av nabokonflikter, brodermord og skjelettrester? Eller viser novellene bare fram disse hendelsene, uten tanke på hvordan leseren vil komme til å forholde seg til beskrivelsene? Spørsmålene har med synet på litteraturens funksjon å gjøre, og det er de samme spørsmålene Herbjørnsrud diskuterer i «Skjelettet og anatomiboka» – men da altså i forbindelse med et *annet* forfatterskap, Wergelands.

Wergelands forfatterskap fremstilles gjerne som innbegrepet på engasjert litteratur, slik Jean-Paul Sartre drøye 100 år senere definerte begrepet i essayet *Hva er litteratur?*. Dette til tross for at Wergeland først og fremst er blitt stående som poet og ikke prosaforfatter. Ifølge Sartre skal litteraturen fungere som en katalysator; den skal inspirere oss til å handle i verden – men denne funksjonen tilskrives prosalitteraturen. Mens poeten, slik Sartre ser det, er mer opptatt av språkets materialitet enn av de egenskapene som også gjør det til et kommunikasjonsmiddel, har prosaforfatteren et mer instrumentelt forhold til språket. Sartre skriver: «Prosaforfatteren er [...] et menneske som har valgt en viss sekundær handlemåte, som man kunne kalle handling gjennom avsløring» (Sartre 1998: 34). Nå er det ikke så vanskelig å reise innvendinger mot dette skillet (det finnes jo utallige eksempler på at også poeter bruker språket på denne måten: Nordahl Grieg, Georg Johannesen og Jan Erik Vold, for bare å nevne noen få) – Herbjørnsrud kommer selv med denne innvendingen i et essay om Vesaas (se Herbjørnsrud 2009: 20) – men så skal man også huske at Sartres generaliseringer ikke er fullt så generelle som de ved første øyekast kan synes. I en viktig note presiserer han at det er samtidspoesien han beskriver, og at det historisk sett nok finnes poeter som har brukt språket på en måte som tilsier at de forstår diktene som en bestemt form for handling. Det er en slik poet litteraturhistorien – og Herbjørnsruds novelle – fremstiller Wergeland som. For til tross for at novellen lar en forstå at også den kjenner til Wergelands resignasjon, slik den særlig kom til uttrykk i forfatterskapets sene fase, er det engasjementet, og troen på at ord *er* handling, den til syvende og sist fremhever, når den, omtrent midtveis og over nesten en hel side, hevder at «[d]et estetiske oppdrar [Wergeland] til etiker» – og hvordan diktet lot ham gå «i lære hos poesien» (54). Men det skal vise seg at novellens syn på litteraturens funksjon er mer sammensatt enn som så. For om Wergeland en gang trodde på en engasjert litteratur, gjør ikke Herbjørnsrud det.

Novellens påstand om at det estetiske oppdrar Wergeland til etiker, påkaller Friedrich Schillers (fiktive) brevsamling om forholdet mellom estetikk og etikk, *Om menneskets estetiske oppdragelse i en rekke brev*. Utgangspunktet for Schillers refleksjoner er en skuffelse over at frihetsideene som beredte grunnen for den franske revolusjon, kunne bli realisert på en så grotesk og feilslått måte som de etter hvert ble, med den omfattende terroren: volden, halshuggingene, og så videre. Overordnet sett er det misforholdet mellom ideal og realitet Schiller beklager seg over i disse brevene, et misforhold som også opptok Wergeland i forbindelse med jødesaken, der et av de sentrale argumentene jo var at den gjengse forestillingen om det liberale Norge sto i sterk kontrast til de restriksjonene grunnlovens § 2 formulerte. For Schiller er poenget at kunsten – i denne sammenheng – har en bestemt funksjon: Den gjør oss moralsk sett til bedre mennesker, noe som igjen gjør oss bedre rustet til å utviske gapet mellom ideal og realitet. Resonnementet inngår i en større modernitetskritikk. Schiller er skeptisk til samtidens blinde tro på den rene fornuft, og underbygger påstanden om kunstens oppdragende funksjon ved blant annet å vise til hvordan kunst- og skjønnhetserfaringen forener fornuft og følelser, og blir et sted som sammenfaller med frihetens område, som, ifølge Schiller, bare kan ta form i foreningen av intellektualitet og sanselighet.

Når Schiller insisterer på kunstens oppdragende funksjon, sier han at den ikke er interesseløs, slik Immanuel Kant som kjent hevder i *Kritikk av dømmekraften*, og som helhet kan brevsamlingen leses som en problematisering av spørsmålet om kunstens autonomi. Dette spørsmålet danner også en viktig, men til dels uuttalt, bakgrunn for problemstillingene som diskuteres i «Skjelettet og anatomiboka». For diskusjonen om «Cain og Abel» er – mer indirekte – også en diskusjon om hvordan man kan tilskrive litteraturen en bestemt funksjon uten at den mister sin frihet (et spørsmål som er relevant i forbindelse med

Sartres essay). Et sted gjør fortelleren leseren oppmerksom på hvor kort veien kan være fra å ville definere kunstens rammer til å ende med å begrense dens virkefelt. Da fortelleren omsider finner anatomiboka og diktet på skolens bibliotek, forklarer han først hvordan han sniker boka til seg og tar den med på flyttelasset til Heddal. I forlengelsen av dette forteller han om en drøm han nylig har hatt. Drømmen utlegges slik:

> Jeg drømte en natt at jeg hadde stjålet Mona Lisa fra Louvre og sprang gjennom endeløse katakombeganger med maleriet under armen. En skokk av gendarmer med strittende knipler kom trampende etter så det ljomet under hvelvingene. I mine grumsete drømmetanker trodde jeg visst at der kunsten gikk foran, kom vokterne settende etter. Jeg sprellet i dynene og sprang og sprang til lungene holdt på å springe. (81)

Passasjen kan leses som en advarsel, eller som en påminnelse om at faren ved å tiltro kunsten for mye ansvar for vår etiske oppdragelse, eller oppdragelse i det hele tatt, er at man også knebler den. En annen fare – og det er kanskje slik man skal forstå malerireferansen – er at man ender med å skjønnmale kunsten, at man tilskriver den kvaliteter man ikke kan være så sikker på at den har: Vi liker å mene at kunsten og litteraturen gjør oss til bedre mennesker, til tross for at denne virkningen er vanskelig å etterprøve – så vanskelig at påstanden bare er en frase.

Det er ikke så rart at disse problemstillingene dukker opp i en novelle som interesserer seg for Wergelands posisjon i norsk litteraturhistorie. I de siste tiårenes kanondebatter har jo spørsmål knyttet til kunstens autonomi og kunstens funksjon stått sentralt. De såkalte kanonrevisjonistene, av Harold Bloom gjennomgående, og mer enn en anelse sarkastisk, omtalt som «de

hevngjerriges skole», har i en rekke forskjellige sammenhen-
ger påpekt hvordan et rendyrket autonomiestetisk perspektiv
favoriserer en bestemt type litteratur. Fra postkolonialt og femi-
nistisk hold har poenget ikke vært å politisere kvalitetsbegrepet
– slik Bloom mener, når han innledningsvis i *Vestens litterære
kanon* hevder å være den siste forsvarer av kunstens autonomi
– men å understreke at kvalitetsbegrepet allerede *er*, og alltid
har vært, politisert. Også det å insistere på hvor lite hensikts-
messig det er å lese en bok politisk, er en politisk handling, det
være seg fordi man slik underslår det politiske innholdet som
eventuelt måtte finnes i den aktuelle boka, eller fordi man slik
lettere tillater seg å overse andre bøker med et eksplisitt poli-
tisk innhold. Det er likevel grunn til å tenke gjennom enkelte
av Blooms formaninger. I det elegiske forordet skriver han: «Vi
blir ikke bedre samfunnsborgere av å lese de beste forfatterne»
– og videre: «estetikk er etter mitt syn et anliggende for indivi-
det snarere enn for samfunnet» (Bloom 1996: 24). For Bloom
tjener litteraturen bare én funksjon: Den gjør det lettere for oss
å holde ut vår egen ensomhet og, i siste instans, tanken på vår
egen dødelighet. Et privilegert litteratursyn – det er lett å mene
at litteraturen ikke betyr noe, når du lever i en verden hvor
den strengt tatt ikke trenger å bety noe, annet enn for deg selv
– men Bloom gjør oss også svar skyldig. For hvordan kan vi
i dag argumentere for at litteraturen faktisk gjør oss til bedre
borgere, bedre mennesker, uten å strande på luftige og til dels
tautologiske begrunnelser av typen – litteraturen utvider vår
bevissthet, vår følsomhet, vår forestillingsevne?

Bloom og Herbjørnsrud er nok ikke på linje i ett og alt, men
de er enige om at det å lese de aller beste forfatterskapene ikke
nødvendigvis gjør oss til bedre mennesker. Hvorfor skulle ellers
Herbjørnsrud presentere oss for en forteller som ikke bare leser
Wergeland, men Wergelands aller beste dikt – selve tindetoppen

i norsk lyrikk – og som langt fra oppdras til å bli et godt menneske, men tvert imot ender med å reaktualisere diktets dystre utgangspunkt? For i kampen for å hegne om «Cain og Abel», har fortelleren gjort seg selv til en slags brodermorder: Han har drept litteraturprofessoren, den ene av dobbeltgjengerne, og sendt ham 7000 år inn i fremtiden – som for å materialisere et foranskutt lyn. Slik går det troll i ord. Diktet blir en sannhetens armé, om enn på en annen måte enn Wergeland nok hadde tenkt seg. Hendelsen står i sterk kontrast til påstanden om diktets virkning på Wergeland, og også til novellens avslutning, som på rørende vis forteller om de to brødrenes gjenforening på gården:

Du kunne ha vært en Kain og drept meg. Men du reddet livet mitt. Makter du å berge meg ut av denne knipen også?

– Eg trur det. Kryp inn i meg og sjå alt med mine augo. Eg har så mykje eg vil visa deg i skog og mark. Du har ikkje sett noko av det eg har gjort på denne garden. Kanskje eg minnest alt du har gløymt.

Også det jeg ikke tør huske?

– Du treng ikkje vera redd når du skriv innanfrå meg. Det er mine augo som ser. Og det er mine sansar som opplever. Du kan gjerne skriva alle gjerningane over på meg. Dermed er det eg som kjem til å bera det fulle ansvaret for handlingane dine både i notid og fortid.

Du er ikke redd meg?

– Nei, kvifor skulle eg vera det? Tyner du meg, tyner du deg sjølv. Du kjem ikkje vidare utan meg no.

Jeg stoler på deg.

– Ja, det kan du trygt gjera. Berre set deg ned og skriv deg heim til denne garden. Alt kjem til å gå av seg sjølv. Det er eg viss på.

Så godt at vi to fant sammen etter alle de år.

– Ja, eg har sakna deg så, bror.

(116)

Når det gjelder synet på litteraturens betydning, er novellen med andre ord – som forfatterskapet ellers – preget av en dobbelthet. På den ene siden nekter den å formulere en naiv tro på litteraturens kultiverende funksjon. Fortellerens gjerninger tatt i betraktning, er det som om novellen sier: Litteraturen *er* ikke oppbyggelig, også den kan virke nedbrytende og mot sin eventuelle hensikt. På den annen side: Herbjørnsrud *har* en romantisk åre. For bidrar ikke novellens plott i siste instans til å understøtte forestillingen om litteraturens sannhet, om litteraturens evne til å avsløre virkeligheten, si noe om verden som bare den kan si? Denne tanken finner man igjen også andre steder i forfatterskapet. Når fortelleren i «Vi vet så mye» innledningsvis insisterer på at forfatteryrket er en bøddeljobb, er underteksten at litteraturen er nådeløs i sin sannhetssøken, og at forfatteren i ham ikke lar seg stoppe av noe. «Hvis jeg er ærlig nok, og hensynsløs nok mot meg selv, blir det for jævlig å skrive om dette,» innrømmer han – men det hjelper lite så lenge forfatteren, og den som skriver teksten vi leser, er så mye sterkere enn bonden og hverdagsmennesket i ham: «Råere. Nedrigere. Og sluere» (2003: 598). Kanskje rommer all litteratur i en eller annen forstand en beslektet tro på litteraturens sannhet. Det er en tanke man finner igjen hos en rekke sentrale forfattere – også innenfor den norske samtidslitteraturen. «[D]et vi diktar opp, skal bli / Sannare enn røynsle,» heter det for eksempel i diktet som innleder Kjartan Fløgstads *Dalen Portland*. Tanken om litteraturens sannhet er verken mer eller mindre uttalt hos Herbjørnsrud enn hos Fløgstad, men den har nok et mer dystopisk islett. For i Herbjørnsruds noveller er det som om

69

denne innsikten ikke har noen implikasjoner. Novellene antyder at litteraturen kan avsløre verden – vise verden slik den er: brutal og hensynsløs – men dét er også det: Litteraturen er maktesløs. For i dette tekstuniverset er ikke avsløringen – som for Sartre – en handling, men bare en avsløring; den i seg selv er ikke i stand til å forandre noe som helst. Sånn sett kunne man hevde at novellenes lærdom, på dette punktet, er den samme som Nordahl Grieg løfter fram i sitt dikt om Wergeland: «Alt var blitt sagt av geniet, / men slektene hørte ham ikke: / Aldri nådde hans syner / frem til noen despot!». Og den samme Wergeland selv må ha tatt innover seg da han skrev de berømte, og tidligere siterte, linjene om «den arme Digters» språk i «Følg kaldet!» – et språk som «ei rækker fra sin Krog / længer end dets Læbers Aande».

Denne innsikten blir bare mer aktuell i møte med den problematikken ingen av karakterene i «Skjelettet og anatomiboka» kan få seg til si noe eksplisitt om: andre verdenskrig og jødeutryddelsen. I «Vi vet så mye» griper Herbjørnsrud tyren ved hornene.

Seks fot under all fornuft

[H]vis skjebnen fantes, var ikke friheten mulig; hvis derimot [...] friheten finnes, da finnes det ingen skjebne, [...] det vil si at da er det vi selv som er skjebnen.

(Kertész 2002: 173)

Våren 1945 vender Köves, den unge fortelleren og hovedpersonen i Imre Kertész' debutroman *Uten skjebne*, tilbake til Budapest – som en av de få overlevende fra nazistenes konsentrasjonsleire. Gjensynet med hjembyen finner sted først ved bokas slutt, og det er de mer eller mindre uforberedte møtene med mennesker han en gang kjente, som tvinger Köves til å si noe overordnet, noe generelt, om leirerfaringene. Disse famlende, men insisterende, betraktningene tar samtidig form som en kommentar til bokas gåtefulle tittel. Et sted anfører han: «Også jeg gjennomlevde en gitt skjebne. Det var ikke min skjebne, men det var jeg som gjennomlevde den» (Kertész 2002: 172). Å være uten skjebne er som å være frarøvet sin egen historie; Köves vet at hans skjebne er en masseskjebne – hvor kstrem den enn måtte være, kan den aldri bli unik: Det som skjedde med ham, skjedde også med uendelig mange andre. Hva da når selv ikke masseskjebnen forblir din? For Köves vet også at han er et unntak: en overlevende, og til tross for at handlingen i boka knapt nok strekker seg utenfor

71

hverdagen i konsentrasjonsleirene, er det livet etterpå – konsekvensene av å leve videre – som dypest sett opptar romanen. Når Köves mot slutten av boka forsøker å forklare alt som har skjedd med ham, er det like mye dette han prøver å forstå. Kertész lar ham ta til orde for en form for antideterminisme: «[H]vis skjebnen fantes, var ikke friheten mulig; hvis derimot [...] friheten finnes, da finnes det ingen skjebne, det vil si, stanset jeg, men bare for å trekke pusten, – da er det vi selv som er skjebnen» (173). Köves nekter å forstå skjebnen som forutbestemt, men han klarer heller ikke forsone seg med tanken på at den skulle være fullstendig vilkårlig. Det som skjer med oss, skjer, ifølge Köves, ikke fordi det var bestemt på forhånd, men fordi vi på et gitt tidspunkt befant oss i en gitt situasjon, og hvorvidt det var tilfeldig at vi akkurat da befant oss i akkurat den situasjonen, er det strengt tatt umulig å finne ut av – og, når alt kommer til alt, er det ikke avgjørende: Vi var der, sånn ble det. Dette er også den eneste måten Kertész' hovedperson kan gjenvinne sin egen frihet på. Om han ikke har kontroll over egen skjebne, vil han i det minste være ett med den, fylle den, og dermed i en viss forstand rå over den. Men leseren kan ikke unngå å tenke at Köves på denne måten også gjør det absurde logisk. Det er denne tilbøyeligheten som preger hele fortellingen – her vrimler det av ord og formuleringer hvis eneste hensikt er å normalisere livet i konsentrasjonsleirene, overbevise om at sånn måtte det jo være: «naturligvis», «selvfølgelig», «forståelig nok», «åpenbart», «opplagt», «innlysende», «jo», «det må jeg medgi», «ingen tvil om det», «i bunn og grunn ikke særlig underlig» og så videre. *Uten skjebne* viser hvordan små enkeltord kan endre en fortellings betydning radikalt. Det er nesten så noen til slutt *må* spørre, slik den eldre Budapestkvinnen gjør: «Hvorfor sier du 'naturligvis' til alt, kjære gutten min, [...] – og alltid om slikt som overhodet ikke er naturlig?!»

72

(164–165). Köves' svar er ganske enkelt at alt han forteller, jo var naturlig og normalt – innenfor leirene. Bokas svar er noe mer sammensatt.

Kertész' romansyklus om det tredje rikets dødsleire – syklusen består foruten debuten *Uten skjebne* av *Fiasko*, *Kaddisj for et ikke født barn* og *Likvidasjon* – tar form som et vitnesbyrd om en bestemt historisk hendelse, men minner en også, mer generelt, om de etiske problemstillingene forbundet med skjønnlitterære skildringer av ekstrem lidelse. Det sentrale spørsmålet for Kertész er hvorvidt konsentrasjonsleirene skal forstås, og fremstilles, som en marginal eller universell erfaring i det tjuende århundret. Når han i en samtale med redaktøren Zoltán Hafner omtaler Adornos berømte påstand om at det ikke går an å skrive dikt etter Auschwitz, som en moralsk stinkbombe, er det fordi han mener Adorno stiller «et absolutt krav til lidelsen» – et krav som ikke bare marginaliserer erfaringen, men også fortrenger den fra den allmenne bevissthet (Kertész 2008: 81). I den samme samtalen forklarer han: «[D]et var under Kádár-regimet jeg klart forsto mine Auschwitz-opplevelser, som jeg aldri ville ha forstått om jeg hadde vokst opp i et demokrati» (53). Også dette, kan man ta seg i å tenke, er å være uten skjebne: at dine mest ekstreme erfaringer bare er tilgjengelig for deg under livsvilkår som i seg selv knapt er til å leve med. Men Kertész' hovedpoeng er et annet, nemlig at det menneskesynet som frembrakte leirene, kjennetegner ethvert diktatur, og i siste instans, ligger latent i vår kultur – og at dét er det tjuende århundrets svøpe: et menneskesyn som konsekvent reduserer individet til masse, frarøver mennesket dets menneskelighet.

Jeg skrev innledningsvis at Herbjørnsruds noveller ofte kretser rundt spørsmålet om identitet, og forfatterskapets behandling av dette temaet kan med fordel forstås mot en slik bakgrunn. Dobbeltgjengermotivet kan naturligvis tolkes som et uttrykk for jegets splittede og vaklevorne identitet i en omskif-telig og usammenhengende verden – men det kan også leses mer bokstavelig. Når karakterene fordobles og blir flere, mis-ter de også sine reelle egenskaper, og, som jeg har vært inne på, opptrer de da heller ikke alltid som selvstendige individer, med en tydelig motivasjon for sine ulike handlinger, eller et mer eller mindre avklart forhold til sin egen historie, men nær-mest som statister i eget liv. Den landflyktige Esben Nielsen – en sannsiger av Espen Arnakkes kaliber – hevder et sted i «Kai Sandemo»: «Historien begynder med et broderdrap. Og den fortsætter med kiv og strid og vold og drab. Vi, der lever i det tyvende århundrede, har til fulde måttet sande dette. En forbrydelse ligger til grund for vores tilværelse» (514). Utsag-net minner igjen leseren om Kain og Abel-mytens sentrale plass i Herbjørnsruds (og Sandemoses) forfatterskap, og sier også mye om novellenes dystre verdensanskuelse, men det mest opp-siktsvekkende ved formuleringen er dens implikasjoner. Esben Nielsen går langt i å påstå at den retningen livene våre tar, ikke avgjøres av personlige valg og vurderinger, men av historiens gang. For Herbjørnsruds karakterer – tenk bare på fortelle-ren i «Skjelettet og anatomiboka» – fremstår historien som et mareritt de strever med å våkne opp fra. Ikke fordi de opplever den som tilfeldig og ukontrollert, slik Marx i sin tid anførte, men fordi historiens utvikling fortoner seg som teleologisk og forhåndsbestemt. Flere av karakterene forenes i sine forsøk på å gjenopprette åpenheten ved fortidens ulike øyblikk. De søker tilbake mot de punktene i historien hvor de tenker seg at mulighetene fortsatt var utallige, og utviklingen ikke bar det samme preget av uunngåelighet. Herbjørnsruds noveller kan forstås som en litt utidsmessig kritikk av den klassiske histo-rismens oppfatning av historien som en fortløpende, homogen og årsaksbegrunnet utvikling. Utidsmessig fordi angrepene på denne formen for historieforståelse jo lenge har vært så mange, at vi i dag vel tar kritikken for gitt. Men novellene preges av en interessant dobbelthet på dette punktet, for det er ikke slik at de fullt og helt avviser forestillingen om historien som én stor fortelling. Tvert imot formidler en rekke av novellene et nesten sentimentalt forhold til denne forestillingen. Fortelleren i «På Gamletun i Europa» samler og presenterer historiske opplysninger om gården med én bestemt hensikt: å rekonstruere et forløp også hans egen historie kan forankres i og forklares ut fra. Problemet for en del av karakterene er at de er fanget i fortidens nett, og at de, i forsøket på å redefinere sin egen situasjon, må velge både radikale og tilsynelatende umulige, eller paradoksale, løsninger – for disse forsøkene på å overskride historien tar gjerne form som en *gjentagelse* av den. Dette blir ikke minst tydelig i «Vi vet så mye», den novellen som i størst grad forholder seg til det (vestlige) tjuende århundrets største traume – jødeutryddelsen under andre verdenskrig – og som dette kapitlet skal dreie seg om. Novellen ble utgitt i 2001, som del av samlingen med samme navn, og skiller seg på mange måter vesentlig fra forfatterskapet for øvrig, men utspiller seg – i likhet med de fleste andre av historiene – på en norsk gård, et lite stykke utenfor allfarvei.

Herbjørnsruds noveller foregår så å si utelukkende i et norsk gårds- og bygdelandskap, som regel flere tiår etter andre verdenskrigs slutt, men flere av tekstene bærer likevel sterkt preg av erfaringene fra denne krigen, og de forholder seg til den som en hendelse i europeisk historie. Fortellingenes perspektiv er med andre ord langt videre enn den geografiske rammen i utgangspunktet skulle tilsi. Men generelt sett synes Herbjørnsrud å være mer komfortabel med å sirkle inn temaet på avstand enn å tematisere det direkte. «Skjelettet og anatomiboka» er i så måte typisk. Det samme gjelder forfatterskapets første novelle – «Kåre Rom, dir., 46». Kåre Rom har i flere år vært direktør for en brevskole, men planlegger ved novellens begynnelse å søke på den utlyste stillingen som fylkeskultursjef i Akershus. Gjennom brevskolen han leder, har han fått kjennskap til Stanley Milgrams kontroversielle forskningseksperimenter, og en lørdagskveld på hytta overtaler han kona Evelyn og den lille sønnen Tom til å bli med på en rekonstruksjon av disse eksperimentene. Milgrams hovedanliggende var å undersøke hvordan og i hvilken grad mennesker er lydige overfor autoriteter. Eksperimentet involverte opprinnelig tre personer – en eksperimentsleder, en student og en forsøksperson – men forsøkspersonene visste ikke hva prosjektet egentlig dreide seg om. De hadde alle fått beskjed om at de skulle delta i et eksperiment om hukommelse og læring, og de antok også at studenten, som i realiteten visste hva som foregikk, var en forsøksperson på lik linje med dem selv. Forsøkspersonen og studenten ble så plassert i to forskjellige rom, uten lydisolering, før forsøkspersonen ble bedt om å stille studenten en rekke hukommelsesrelaterte spørsmål. Hvis ikke studenten kunne svare, skulle forsøkspersonen påføre vedkommende elektriske støt – med økt styrke for hvert gale svar. Milgrams oppsiktsvekkende konklusjon var at godt og vel 65 % av forsøkspersonene, de fleste om enn med stort ubehag, fulgte instruksene til punkt og prikke – og endte med å påføre studenten, som på sin side simulerte sterke smerter, det sterkeste (og dødelige) støtet på 450 volt. I Kåre Roms gjenskaping av eksperimentet er det seks år gamle Tom som er forsøkspersonen, mens Evelyn går med på å spille rollen som student. Også Tom følger – naturlig nok – instruksene han blir gitt, og påfører til slutt moren det som ser ut til å være et dødelig sjokk. Kåre Rom skal etter eget sigende ha vært «meget kjærlig» mot sønnen resten av kvelden, men noterer i dagboka si: «*Konklusjon*: Bekrefter Milgrams resultater. Sjokkerende å

76

se at ens egen sønn er i stand til å ta livet av sin mor hvis forholdene blir lagt til rette. Viktig å være så sannhetskjærlig at man tør innrømme slike tendenser hos mennesket» (17).

Som leser må man i stedet konkludere med at Kåre Roms motivasjon for denne høyst tvilsomme, og til dels misforståtte, rekonstruksjonen av Milgrams eksperiment, i beste fall er heller uklar. Milgram, derimot, hadde en klar ambisjon med prosjektet, for eksperimentet var inspirert av rettssaken mot Adolf Eichmann i Jerusalem i 1961. Eichmann var som kjent mannen som administrerte deportasjonen av jødene til konsentrasjonsleirene, og som i krigens sluttfase klarte å flykte til Argentina, der han tilbrakte 15 år før han ble oppdaget – og deretter kidnappet og fraktet til Israel. Rettssaken mot Eichmann er svært veldokumentert. Mest kjent er Hannah Arendts betraktninger, skrevet fortløpende for *The New Yorker*, og siden samlet og utdypet i den omdiskuterte boka *Eichmann i Jerusalem. En rapport om det ondes banalitet.* Arendt var selv til stede under rettssaken, og som jeg så vidt påpekte i forrige kapittel, var det vurderingen av Eichmann som forbrytertype som skapte store kontroverser. For Arendt fremsto ikke Eichmann som det ondskapsfulle uhyret eller den fanatiske antisemitten mange hadde ventet seg, men som en lovlydig og karrierebevisst mann som simpelthen hadde fulgt ordre, uten særlig tanke på konsekvensene. Milgrams eksperiment var avledet fra denne grelle observasjonen. Eksperimentets sentrale spørsmål var hvorvidt man kunne tenke seg en sammenheng mellom den formen for lydighet man så i forsøksrommet, og den man hadde sett i det tredje riket, slik Eichmann demonstrerte den. Noen år senere, i forordet til boka *Obedience to Authority. An Experimental View*, skulle Milgram igjen, og til sterke protester, komme til å argumentere for en slik sammenheng. Protestene kom fra flere hold, også fra de personene som deltok i det opprinnelige eksperimentet. Så sent som i 2004 hevdet en av dem – Joseph Dimow – i det jødiske tidsskriftet *Jewish Currents* at Milgrams eksperiment er fullstendig irrelevant, fordi eksperimentsituasjonen aldri kan sidestilles med den situasjonen folk befant seg i under krigen, og at det rent moralsk er heller tvilsomt, fordi det til syvende og sist innebærer en relativisering av det grusomme som fant sted (Dimow 2004).

Det kan virke som om denne konteksten er fullstendig fremmed for Kåre Rom, i hvert fall gir han ikke uttrykk for å ha tatt den innover seg. Men novellen som helhet avslører en viss kjennskap til eksperimentets bakgrunn. For er det ikke Kåre Rom som er den egentlige forsøkspersonen? Den strukturerte, men lite gjennomtenkte, rekonstruksjonen av eksperimentet viser jo ikke at det bor en potensiell overgriper i Tom – men i *ham*, det selvutnevnte kulturmennesket. Kåre Rom vet selv å understreke hvor velegnet han er for stillingen som fylkeskultursjef, noe også andre av novellens karakterer, som kameraten Åge, bifaller. Slik blir han en karakter som nærmest personifiserer det man stadig fremhever som et paradigme for det tjuende århundret, nemlig den nære koblingen mellom brutalitet og vestlig ordenskultur. En kobling Zygmunt Bauman, for eksempel, har utdypet i et av sine hovedverk, *Moderniteten og Holocaust*, der han blant annet snakker om den instrumentelle rasjonalitet, og, i forlengelsen av dette, beskriver den ekstreme volden jødeutryddelsen var, som nettopp autorisert, rutinemessig og fullstendig avhumanisert. Kåre Rom illustrerer det siviliserte menneskets hang til å ødelegge og forgripe seg på sin neste. På denne måten bærer han også bud om den volden og kynismen som skal komme til å få utfolde seg i Herbjørnsruds øvrige noveller.

Men det finnes også andre grunner til å dvele ved at Herbjørnsrud lar forfatterskapet innledes med en iscenesettelse av Milgrams eksperiment. Herbjørnsruds noveller befolkes av karakterer som har deltatt i andre verdenskrig. Tenk på den gåtefulle karakteren Tormod Sveen fra tittelnovellen i *Vannbæreren*, som under kampene rundt Hønefoss og Jevnaker var med på å lure en hel tysk skipatrulje i døden. Eller brødrene i «Dubletter» fra samme samling, tvillingparet som ble født i Polen kort tid før den tyske invasjonen, og som ble skilt fra hverandre bare ett år etter fødselen, da foreldrene døde som følge av krigsherjingene. Eller Hallgrim Flatin fra «Hallgrim Flatin 1966» som var aktiv i motstandsbevegelsen, og som måtte betale med å tilbringe et drøyt år i Sachsenhausen. Men den største andelen av Herbjørnsruds karakterer som medvirket i krigen, var på feil side. Faren til Lars i «Drenering 1963» var frontkjemper, naboen til nevnte Hallgrim Flatin – Narve Silju – var, som initialene antyder, med i NS, slik også bestefaren til fortelleren i «Vi vet så mye» støttet nazistene – for bare å nevne noen få eksempler. Spørsmålet om hva som drev mer eller mindre vanlige mennesker til å bli en del av nazismens hensynsløse maskineri, var som sagt en viktig bakgrunn for Milgrams eksperiment, og vissheten om de samme menneskenes valg utgjør en konstant kilde til frykt, uro, mismot og sinne i Herbjørnsruds noveller.

Med unntak av «Vi vet så mye», er imidlertid referansene til krigserfaringene spredte og tilsynelatende tilfeldige. Det er symptomatisk at de tidligere nazisympatisørene som regel er perifere skikkelser. Noen ganger har de status som bipersoner, andre ganger er de ikke til stede som annet enn ett av mange navn i fortellerens erindringer eller i andres samtaler. Karakterer som Tormod Sveen og Hallgrim Flatin refererer bare i forbifarten til krigsopplevelsene sine, og de virker fullstendig uberørte når de snakker om dem – som om det skulle dreie seg om andres erfaringer og ikke egne. Ikke desto mindre innvirker krigsreferansene – alle henvisningene til massegraver, medløpere, konsentrasjonsleire, blendingsgardiner, sabotasjeaksjoner, flyktninger, knokler, kulehull og voldeligheter – på hvordan novellene skal forstås. Krigen er til stede i forfatterskapet som en bakgrunnsmurring, så svak at den knapt er hørbar, men av og til så dirrende at den brått og uventet kan forvandle seg til intens støy. Det er dette siste som skjer i novellen «Vi vet så mye». «Jeg lever i det tjuende århundre. Og opplever at jeg gjør det. Hadde det enda vært døden min,» utbryter fortelleren tidlig i historien (598). «Cain og Abel», diktet «Skjelettet og anatomiboka» er bygd opp rundt, kan leses som en profeti om jødeutryddelsen under andre verdenskrig – «Vi vet så mye» kan leses som en erindring om de samme hendelsene. Forskjellen er altså bare at temaet denne gang er presset helt opp til overflaten. Men selv i et univers som er gjennomsyret av minnene om og fortellingene fra krigen, skal det vise seg at mye som har med krigen å gjøre, fortsatt forblir usagt. For leseren vil oppdage at det finnes en krig fortelleren ser – og en krig han ikke ser. I utgangspunktet fremstår fortelleren i «Vi vet så mye» som langt mer fattet enn mange andre av Herbjørnsruds fortellere, men teksten, som jo er hans egen fremstilling, avslører gradvis at han har gått seg fullstendig vill i et univers som kan minne om den unge Köves'; her kan de mest absurde situasjoner forklares logisk. Når det gjelder spørsmålet om erindringens funksjon, er derfor novellen ambivalent. Som de fleste andre av Herbjørnsruds noveller fremhever den viktigheten av å se seg selv, og sin egen tid, i en større historisk sammenheng, men den viser også hvordan erindringen kan bli en destruktiv kraft, en kraft som hindrer mennesker i å forsones med hverandre. «Vi vet så mye» plasserer seg i en bestemt tradisjon – det er en tekst som, på en rekke forskjellige nivåer, forholder seg til de spørsmålene som ledsager litterære og kunstneriske fremstillinger av krigens redsler: Hvordan forholder man seg til den lidelsen som ikke rammer en selv? Hvilken rett har man til å skildre den? Og hvordan gjøre det på en moralsk forsvarlig måte?

Vi forstår så lite

«Vi vet så mye» innledes med en bekjennelse. Mens man i kjølvannet av krigen overalt hørte forsikringer om at ingen hadde visst hva som foregikk i nazistenes konsentrasjonsleire, lar Herbjørnsrud fortelleren allerede på novellens første side konstatere: «Vi vet så mye. Vi forstår så lite» (591). Utsagnet fordømmer ingen, men tar heller ingen i forsvar, det har ingenting apologetisk ved seg, men rommer lag på lag av betydninger, lag på lag av fortellinger, ja, utsagnet er som en kinesisk eske: Fortellerens utsagn er et utsagn som husker, ikke bare det som skjedde, men også de ulike reaksjonene på det som skjedde. Assosiasjonene kan gå i retning av historien om møtet mellom den polske kureren Jan Karski og den amerikanske høyesterettsdommeren Félix Frankfurter – et møte som fant sted vinteren 1942, der Frankfurter, etter å ha hørt Karski fortelle om dødsleirene, simpelthen skal ha sagt: «Jeg kan ikke tro deg.» Utsagnet kan også få en til å tenke at det Jean Améry i boka *Ved forstandens grenser* omtaler som den intellektuelle fangens opprørske dårevisdom, også var – og vel stadig er – omverdens: Det som absolutt ikke får forekomme, kan heller ikke skje. Og som leser husker man dessuten at om berømte krigsjournalister som Vasilj Grossman, Eric Schwab og Meyer Levin – alle blant de første journalistene som ankom konsentrasjonsleirene etter frigjøringen; Grossman fra øst, Schwab og Levin fra vest – muligens ante hva som ventet dem, kunne de

81

fortelle om leirene som om det dreide seg om nyheter. Mon tro om det er denne forsinkelsen, om man kan omtale den som det, Herbjørnsruds forteller har i bakhodet når han innleder *sin* fortelling med et tilreisende reportasjeteams dekning av en tragedie som har funnet sted på nabogården. Tragedien omtales på første side som «dette Birkenau», men man må lese helt til siste side for å kunne konstatere at referansen er like velbegrunnet som man frykter. For i løpet av høsten 1999 har naboen forvandlet låven til en massegrav for dyr. Det blir tidlig klart at fortelleren lenge har mistenkt naboens forbrytelse, men det er først når stanken har bredt seg over hele området, at han får nok og anmelder forholdet til politiet. Like før jul blir naboen så pågrepet, men saken er ikke ute av verden – til det skal det vise seg at fortelleren selv er litt for mye involvert.

Karakterene i «Vi vet så mye» er, i likhet med flere av karakterene i «Skjelettet og anatomiboka», for dobbeltgjengere å regne. De er begge bønder, de er begge kunstnere – fortelleren forfatter, naboen keramiker – utseendemessig er det nesten ikke mulig å skille dem fra hverandre, og de tenker også alltid og uvilkårlig i samme tankebaner:

Var de ute etter ham, drømte jeg at de søkte meg. Mareritt mitt var hans virkelighet. Slik lå gardene til, hage inntil hage. Spireahekkene våre skummet over i hverandre om somrene. Hans redsel ble min angst. Det som sank til bunns i ham, fløt opp i meg. (592–593)

Dette symbiotiske forholdet har, i større grad enn tilfellet ellers er i Herbjørnsruds noveller, sin bestemte forklaring: De to deler en historie, og denne historien er fullstendig viklet inn i verdenshistoriske begivenheter. Naboen, eller grannen som han stort sett omtales som – han får aldri et ordentlig navn – ble i 1952

82

adoptert av familien på fortellerens nabogård. Hans egentlige foreldre kom opprinnelig fra Polen, og ble forfulgt av nazistene under krigen. Sammen med sine foreldre (naboens besteforeldre) gjemte de seg i jordhuler i de polske Kotlinaskogene, der de ble værende til de russiske frigjøringsstyrkene fant dem vinteren 1945. Et knapt år senere fikk de innreisetillatelse til Norge. Men ingen av besteforeldrene overlevde krigen – de ble angitt i 1943, og siden fraktet til Birkenau, der de, så vidt naboen vet, ble ført direkte inn i gasskamrene. Det er vissheten om hva som hendte dem – og alle andre som delte samme skjebne – som til slutt gjorde livet umulig for naboens foreldre å leve. Før de tok livet av seg, sørget de for å finne et hjem til sin seks år gamle sønn, men antagelig uten å vite at nærmeste nabo – fortellerens bestefar – var på feil side under krigen.

De to karakterene er begge overlatt til fortidens vold: Krigen er over, men tar samtidig aldri slutt. Fortelleren selv er i og for seg den første til å innrømme dette. Novellen innledes og avsluttes i et stummende mørke – et mørke som hører krigen til: «Slik hadde jeg ikke sett denne garden før. Ikke siden krigen. Under mørkeleggingen den gang. [...] Den gang lå også grannegarden og alle andre garder i grenda slik med alle hus pløyd ned i dypt krigsmørke. Alle hus var hus i mørke» (593–594). Med fortellerens ord kunne man hevde at mareritt i Tarjei Vesaas' okkupasjonsroman, *Huset i mørkret*, er blitt virkelighet i «Vi vet så mye». Herbjørnsruds forteller *vet* det Vesaas' forteller bare frykter (men ikke gir uttrykk for, annet enn gjennom den allegoriske formen), nemlig at krigstilstanden har universell gyldighet. I løpet av de første seks–sju sidene, som til sammen utgjør en eksposisjon for novellen, beskriver han omgivelsene på en måte som gjør at i utgangspunktet nøytrale elementer forvandles til å bli sentrale krigssymboler: den rykende skorsteinspipa, det kokende dusjvannet, den bolmende dampen, og

83

så videre – alt sammen får leseren til å assosiere i retning av dødsleirenes utryddelsesmaskineri.

Når det gjelder de mest sentrale hendelsene i novellen, skal det likevel vise seg at fortelleren ikke er i stand til å se at samtlige kan relateres til krigen. For når han høsten 1999 gjør den ene underlige oppdagelsen etter den andre – en dag ser han en hvit elg i skogen, en annen dag blir han gjort oppmerksom på fire merkelige tuer, noen uker senere finner han naboen på bunnen av en brønn, nedfrosset og knapt i live, før han til slutt blir klar over hva som foregår på låven – dreier det seg i realiteten om *gjen*oppdagelser. Novellens mest sentrale poeng er imidlertid at når krigen og krigshandlingene rekonstrueres innenfor nye tids- og stedsmessige rammer, forskyves og kompliseres de opprinnelige strukturene. Mens skyldspørsmålet under krigen grovt sett er en enkel sak for karakterene – og ettertiden mer generelt – å avgjøre, blir forholdet mellom offer og overgriper tilsvarende vanskelig å bestemme i novellens nåtid. Denne påstanden skal enn så lenge få stå ukommentert. I første omgang er det nødvendig å se nærmere på fortellerens dobbeltunivers: den krigen han ser, og den krigen han ikke ser. Og som i eventyret må man dypt inn i skogen: Flere av de viktigste hendelsene i novellen finner sted i fortellerens heimeskog – en plass som, ifølge fortelleren, «liksom ikke [hører] hjemme i vårt århundre» (619). Nå skal riktignok skogen etter hvert komme til å endre karakter for ham, men novellen gir tidlig også leseren opplysninger som setter fortellerens opprinnelige forestilling om heimeskogen i et litt underlig lys. En annen erfaring man raskt skal komme til å gjøre, er at «Vi vet så mye» er en novelle som liksom hele tiden kommer leseren i forkjøpet. For før man selv rekker å hente fram det freudianske vokabularet, og aktualisere klassiske begreper som fortrengning, sublimering og vrangforestillinger, har novellen for lengst loset en inn i den freudianske tankeverden, der det heimlige alltid kan romme det uheimlige.

Som dryss av snø

«Jeg var blitt hjemløs i en uheimlig skog» (620). Om «Vi vet så mye» kan sies å være en historie med et klassisk vendepunkt, er det med denne formuleringen det finner sted. Slik oppsummerer fortelleren, omtrent midtveis i novellen, hvordan verden plutselig en dag ser annerledes ut, hvordan kjente omgivelser blir fremmede, og han gjør det i freudianske ordelag. Store deler av «Vi vet så mye» er bygd opp rundt motsetningen mellom heimlig og uheimlig, et begrepspar Freud utreder i essayet «Das Unheimliche», der han ellers forsøker å avgrense det uheimlige fra andre former for fryktfølelse. Skogen som omgir fortellerens gård, omtales som heimeskogen, og blir i utgangspunktet skildret som en utopi, et fristed der fortelleren kan unnslippe trykket fra fortiden og den truende omverden:

> I mine forestillinger lå [heimeskogen] avdøles til, utenfor tid og sted og bortenfor evolusjonens og sivilisasjonens herjinger. Den var en fredet plett på jord der jeg ofte kunne oppleve en paradisisk samklang med alt omkring meg. I heimeskogen kjenner jeg meg alltid som hjemme. Her hører jeg til. (619)

Men novellen gir leseren opplysninger som relativt tidlig tvinger en til å sette spørsmålstegn ved fortellerens forestilling om skogen. Ifølge fortelleren rommer heimeskogen blant annet et stort plantefelt av gran, og midt på dette plantefeltet ligger en større glenne. Det er i hvert av hjørnene på denne glenna at de fire tuene plutselig en dag dukker opp. Et stykke ovenfor plantefeltet ligger en åtte mål stor teig, og trærne på denne teigen står visstnok og råtner på rot. De med «gløggsyn for skog» vil, med fortellerens ord, legge merke til at «barken var mer sprukket enn vanlig, at kvaeutskillingen var rikeligere, og at tørrkvisten fra oppvekstårene ikke falt av, men ble stående og sprike stivt» (600). Selv tror han dette skyldes at trærne er tilpasset et annet klima enn det nordiske. Frøene, som ble plantet da han var liten gutt, var ikke norske, men, så vidt han kan huske, østerrikske. I hjertet av heimeskogen vokser det med andre ord et lite stykke Europa. Leseren får aldri vite eksakt når plantingen foregikk, men i forbindelse med fellingen av trærne, i begynnelsen av desember 1999, opplyser fortelleren om at årringene telte 57. Dermed kan man raskt slutte at frøene, som altså ble fraktet fra Østerrike – et land det i denne sammenheng er naturlig å plassere som Hitlers (og Freuds!) hjemland – ble plantet i 1942, samme år som de norske jødene ble deportert til Auschwitz. Slik kunne man hevde at det råtne feltet i skogen står som en påminnelse om at nazismen fant grobunn også langt unna de verste krigsherjingene – som på den norske landsbygda: Fortellerens bestefar er det mest nærliggende eksempelet på dette. Skulle man her tenke i forlengelsen av «Skjelettet og anatomiboka», er det for øvrig også fristende å legge til at Wergeland høsten 1842, i kjølvannet av Stortingets avstemning om grunnlovsendringen, jo ikke bare var nedtrykt over at endringen ikke ble stemt fram, men også over at den mest massive motstanden var å finne i de norskeste av de norske områdene, i bygdene på Vestlandet og det indre Østlandet.

Som leser overraskes man ikke når fortelleren omsider innrømmer at han ikke lenger føler seg hjemme i heimeskogen. Det man derimot kan undre seg over, er måten han forklarer forvandlingen på. For det er først idet skogen også viser seg å romme det ukjente, at fortelleren begynner å omtale den som uheimlig: I en skog han ellers kjenner som sin egen bukselomme, opplever han møtet med den hvite elgen og funnet av de merkelige tuene som dypt fremmedgjørende. Men der fortelleren i «Vi vet så mye» forklarer den uheimlige følelsen med det fremmedes inntog, insisterer Freud på at det uheimlige tvert imot har sitt utspring i det kjente, i det som en gang har vært hjemlig. Jeg skal snart vie mer plass til Freuds essay, men først er det verdt å ta et par skritt tilbake. For Herbjørnsrud er en forfatter som har bidratt til å legge premissene for sin egen resepsjon. Novellene er ofte bygd opp rundt bestemte tolkningsspor – elementer som ber om å bli lest og forklart i en bestemt sammenheng. Og det mest påfallende eksempelet på dette er novellenes svakhet for symboler og begreper hentet fra den klassiske psykoanalysen, slik den ble utviklet av Freud første halvdel av 1900-tallet. Forfatterskapet renner simpelthen over av referanser til nøkler, nøkkelhull, brønner, speilbilder, dobbeltgjengere, fadermord, mørke huler, uheimlige steder, uttørkede kilder, buktende ormer, bøtter som tømmes, og så videre.* Ja, enkelte av Herbjørnsruds historier er skrevet så tett opp til Freuds betraktninger at de får et nesten allegorisk

---

*Flere har problematisert hvordan psykoanalytiske elementer som dette i en eller annen forstand legger føringer på hvordan novellene skal, eller ikke skal, leses. Frode Helland skriver eksempelvis om «Blinddøra» at novellen nærmest «brøler [...] psykoanalyse», og at nettopp tydeligheten i symbolikken gir en grunn til å tvile på om det psykoanalytiske tolkningssporet egentlig er det rette å forfølge (Helland 1999: 141). Kjell Ivar Skjerdingstad er inne på noe lignende når han, med utgangspunkt i en lesning av «Hallgrim Flatin 1966», hevder at novellene har en tendens til å være utstyrt med «ganske så opplagte nøkler til forståelsen av seg selv» (Skjerdingstad 2010: 259). Det samme gjelder Eva Stadler som blant annet omtaler den psykoanalytiske billedbruken som ostentativ (Stadler 2000: 110).

preg. I «Dubletter» handler det som nevnt om det kompliserte forholdet mellom to tvillingbrødre. Novellen er utformet som fortellerens dagbok, og avslører gradvis for leseren hvordan fortelleren, under sprengningen av en beverdemning, også har sprengt broren i filler. Dagboken innledes med en referanse til Narsissus-myten – fortelleren beskriver seg selv som en mytisk yngling som står og beundrer sitt eget speilbilde, et speilbilde han mener kunne tilhørt tvillingbroren – for så å demonstrere hvordan fortelleren bare kan bekrefte egen eksistens ved å utrydde dobbeltgjengeren. Slik følger novellen nærmest til punkt og prikke gangen i Freuds resonnement rundt dobbeltgjengermotivet. Freuds perspektiv er historisk, og med støtte i Wiener-psykologen Otto Ranks arbeider om dobbeltgjengeren, skisserer han motivets utvikling fra det gamle Egypt og fram til første verdenskrig. Ifølge Freud fremsto dobbeltgjengeren opprinnelig som en garantist for evig liv (som kroppens dobbeltgjenger fungerte den udødelige sjelen som et forsvar mot det totale mørket) – en forestilling som angivelig springer ut av en form for primitiv narsissisme, og som derfor også harmonerer med den verdensforståelsen man, stadig ifølge Freud, finner hos barn og primitive mennesker. I moderne tid får motivet et annet innhold. Bevissthetens fremvekst, overgangen fra barn til voksen, innebærer at man blir i stand til å observere, kontrollere og kritisere seg selv – at narsissismen fordrives – men dobbeltgjengeren minner oss om en fase i vår mentale utvikling da vi ennå ikke var i stand til å avgrense oss fra omgivelsene. I siste instans fremstår dobbeltgjengeren som en påminnelse om vår egen oppløsning – fra å ha vært en garantist for evig liv, blir dobbeltgjengeren en trussel mot livet, et dødsvarsel – og slik får motivet et uhyggelig, eller uheimlig, aspekt. Dét er også hovedgrunnen til at disse betraktningene inngår i essayet om det uheimlige.

Men det er ikke alltid gitt hvordan man skal forstå Freuds til-stedeværelse i Herbjørnsruds noveller. Henvisningene til Freud er mange, men de fremstår som både selvbevisste og litt iro-niske. I «Vannbæreren», en novelle det vrimler av freudianske symboler i, anfører fortelleren allerede på første side: «[F]ør jeg visste ordet av det, falt jeg rett ned i et taktilt, erogent språk som omsluttet meg som vann, som luft» (140). Ja, i flere novel-ler – og dette er særlig en tendens i forfatterskapets senere fase: i *Blinddøra, Vi vet så mye* og *Brønnene* – kan det til og med virke som om fortelleren er ute etter å undergrave, enn si har-selere over, Freuds resonnementer. Det er ingen tvil om hvilken sjaman fortelleren i «Vi vet så mye» sikter til, når han tidlig i novellen konstaterer: «Mennesket vet ennå ikke hvem men-nesket er. Det som var vitenskap om psyke i går, ter seg ofte som sjamanisme i dag» (602). Poenget er ikke at Herbjørnsrud ikke tar Freud på alvor, men at novellene avslører en vilje til å historisere og avmytologisere Freud. Peter Gays store Freud-biografi, som ble publisert på nytt i 2006, under 150-årsjubi-leet for Freuds fødsel, har en tittel som – naturlig nok – betoner Freuds aktualitet: *Freud. A Life for Our Time*. Herbjørnsruds noveller gir en ikke akkurat grunn til å tvile på om Freud er en teoretiker for vår tid, men de stiller nok spørsmålstegn ved om det i dag ikke er noe annet enn det seksuelle vi fortren-ger. Dette er i hvert fall tilfelle for flere av Herbjørnsruds egne karakterer, ikke minst for fortelleren i «Vi vet så mye».

Når denne fortelleren omtaler sin egen heimeskog som uheimlig, leder han leseren til Freuds univers. Essayet «Das Unheimliche» er skrevet i kjølvannet av første verdenskrig – en historisk hendelse som uten tvil har innvirket på dets utfor-ming: dysterheten, melankolien – og resonnementet utvikles dels i dialog med psykiateren E. Jentschs betraktninger rundt det uheimlige, og dels på bakgrunn av generell psykoanalytisk teori. Innledningsvis konfronteres man med et lengre utdrag fra Daniel Sanders *Wörterbuch der Deutschen Sprache*, nærmere bestemt utlegningen av ordet *heimlich*, det antatte antonymet til *unheimlich*. Ifølge denne ordboka kan *heimlich* relateres til to forskjellige betydningssfærer: På den ene siden viser ordet til det som er kjent, og som man er fortrolig med (det som er hjemlig), på den andre siden viser det til det som holdes skjult (det som er hemmelig). Disse to betydningene utelukker ikke nødvendigvis hverandre, men sistnevnte betydning problematiserer ordets status som antonymet til *unheimlich*. For den samme ordboka gjengir også filosofen Schellings definisjon av det uheimlige som: «[a]lt som var ment å skulle holdes hemmelig og skjult, og som er blitt holdt fram i lyset» (sitert etter Freud 1947: 235, min oversettelse). Slik opprettes det ifølge Freud et felt hvor de to ordenes betydninger tangerer hverandre.

I de videre betraktningene er det dette feltet Freud er opptatt av, og i likhet med Jentsch lar han E.T.A. Hoffmanns historier, og da spesielt «Der Sandman», få en sentral plass i diskusjonen. Men der Jentsch oppfatter det uheimlige som følge av intellektuell usikkerhet, antar Freud at det uheimlige forårsakes av noe som en gang er blitt fortrengt, for så å vise seg igjen. Dette i tråd med det mer generelle psykoanalytiske poenget om at fortrengningen av ulike forestillinger resulterer i en frykt for at de samme forestillingene skal vende tilbake. I «Der Sandman» tolker Freud Nathaniels angst for å ødelegge eller miste øynene som en slik frykt. På overflaten har denne frykten sitt opphav i en historie Nathaniel ble fortalt i barndommen, om sandmannen som kom for å kaste sand i øynene på alle barn som ikke ville legge seg. Nathaniel skal etter hvert ha identifisert sandmannen som advokaten Coppelius, som en periode kom jevnlig på besøk til faren. En kveld Nathaniel spionerte på dem, skal advokaten ha oppdaget ham og truet med å rive ut øynene hans. Et års tid senere omkom faren under mystiske omstendigheter, og etter ulykken forsvant Coppelius sporløst. Som student gjenkjenner så Nathaniel Coppelius i optikeren Coppola. Også denne Coppola er involvert i et mystisk prosjekt; i samarbeid med en viss professor Spalanzani har han laget dukken Olimpia, en dukke Nathaniel, til tross for at han er lykkelig forlovet, forelsker seg hodestups i. Det hele ender dramatisk: Coppola stjeler Olimpias øyne, slik Coppelius truet med å ødelegge Nathaniels, med det resultat at Nathaniel får et delirisk anfall, og blir liggende syk i lengre tid. Vel på bedringens vei skal han til slutt igjen komme til å støte på Coppelius/ Coppola, og da være fullstendig overbevist om at han har å gjøre med en og samme person – en overbevisning som fører ham rett inn i galskapen og selvmordet.

Freuds refleksjoner rundt Hoffmanns historie har som sagt ett hovedformål: Å vise at det uheimlige, slik Schelling hevdet, har sitt opphav i noe som var ment å skulle holdes skjult. Følgelig leser han Nathaniels frykt for å miste øynene som et uttrykk for den infantile kastraksjonsfrykten. Ifølge Freud kan både faren og Coppelius sies å representere farsfiguren i historien – farsfiguren er splittet i en god og en ond del: Mens den egentlige faren forsøker å redde Nathaniels øyne, truer Coppelius med å ødelegge dem. Spalanzani og Coppola må i et slikt perspektiv forstås som reinkarnasjoner av de to farsfigurene, slik barnet, dukken Olimpia, må tolkes som en slags materialisering av Nathaniels holdninger til faren i barndommen. Kjærligheten til dukken er en form for narsissisme. Men Freuds hovedpoeng i denne sammenheng er at Nathaniels ønske om at den onde faren skal forsvinne, kommer til uttrykk i den gode farens død, og det er dette han er nødt til å fortrenge og holde skjult. Møtet med de reinkarnerte farsfigurene tvinger alt dette til overflaten – og resultatet? En akutt følelse av at verden blir uheimlig.

Hvor bringer så dette en i Herbjørnsruds novelle? Skal man ta fortellerens henvisning til Freud på alvor, er det grunn til å mistenke at de fenomenene som angivelig forvandler heimeskogen, den hvite elgen og de fire tuene, kan relateres til andre sentrale hendelser i fortellerens liv. «Vi vet så mye» rommer da også et klassisk eksempel på fortrengning, et barndomsminne som, når det først blir et tema, utlegges over flere sider tidlig i novellen, og det er – selvfølgelig, hadde jeg nær sagt – naboen som utfordrer fortelleren til å kommentere det. Samtalen mellom de to finner sted på fortellerens kjøkken kvelden før pågripelsen. Fortelleren er nok ute etter å konfrontere naboen med det som foregår på låven – men naboen, som holder på å ferdigstille et kunstnerisk prosjekt han har holdt på med over lengre tid, er i utgangspunktet bare interessert i å snakke om dette prosjektet. Prosjektet har fått tittelen Dusjerne, og skal om noen få måneder stilles ut i Galleri F15 (et gallerinavn helt i tråd med novellens krigsunivers). Ifølge naboen består Dusjerne av over 100 menneskehøye terrakottafigurer, hvorav de aller fleste forestiller besteforeldrene hans. Keramikkfiguren som står i ovnen denne kvelden, er – som den første fra en annen familie – modellert etter fortellerens bestefar. Fortelleren har lite til overs for dette prosjektet, og han lar seg ytterligere provosere av at det nå åpenbart er hans familie som står for tur. Men irritasjonen må raskt vike for undring:

– Men bestefar? Ham så du jo ikke? Han var død da du kom hit i 1952.
  – Jeg så ham som død.
  – Du kunne vel ikke sett ham som død, sa jeg.
  – Jo, husker du ikke det?
  – Husker hva da?
  – At jeg så ham som lik.

– Jeg kommer til å anmelde deg til politiet i kveld, sa jeg.

– Jeg så liket i januar 1952. Jeg var seks år.

(605)

Naboens påstand utløser et skred av rasende, ja, hysteriske, protester fra fortellerens side:

Du så ingenting! [...] Du så ingenting! (605)

Løgn, det er blank løgn! [...] Løgn! Løgn! Løgn! Løgn! Løgn! Løgn! (608)

Tøv! Tøv! Tøv! Tøv! Tøv! Tøv! [...] Løgn! Tøv og løgn! Tøv og løgn! Tøv ... (609)

Hva! Hva! Hva! Hva! Hva! Hva ... [...] Faen! Dette kan ikke du se. Fordi du aldri har sett det. [...] Du ser ikke noe og husker ingenting. For du var ikke på tunet. (610)

Historien som følger, har en grotesk karakter. I dagene før begravelsen, får leseren vite, ble bestefarens kiste oppbevart på den kalde låven. En av disse dagene var naboen på besøk hos sin kommende fosterfamilie, og til tross for fortellerens protester sto han faktisk på tunet den dagen fortelleren og en kamerat åpnet låvedørene – og akte på kisten nedover låvebrua. Vel nede på tunet skal naboen ha sett lokket sprette opp og liket rulle ut. Deretter skal de to guttene – med skrik og skrål – ha slept med seg liket bort til låveveggen, støttet det opp med staur, for så å bombardere det med snøballer. Det ligger en dårlig skjult ironi i det at guttenes handlinger – og bestefaren – skulle kunne forbindes med det hvite, uskyldens farge, men som leser kan man ikke unngå å legge merke til *hvitheten* som preger dette erindringsbildet. «Jeg så ham bare som hvitt menneske,» hevder naboen (611), og sikter nok ikke bare til det hvite kledet liket var innhyllet i, men også til omgivelsene det befinner seg i: den hvite snøen, den hvite isen, den hvite kisten, de hvite sporene etter snøballer på låveveggen. Slik vokser minnet sakte frem for ham:

Hører. Jeg hører. Hylene. Du skrek som du skriker nå. Ja, lokket spretter opp. Jeg ser det nå. Ja, nå. Nå ser jeg det. Opp flyr lokket. Ut ruller et hvitkledd menneske. Hvitt som en birøkter. Velter ut. Mennesket velter ut. Rutsjer ikke på isen. Blir liggende. Ser. Jeg ser. Kassa kalver et bandasjert menneske. Som blir liggende der. Med ansiktet ned mot isen. Ser. Et menneske. Der. Bare noen skritt fra meg. Der. Som en snødrive på blankisen. Urørlig. Der. Med ansiktet i isen. Kroppen tullet inn. Reivet. Jeg ser. Strimler. Mennesket er viklet inn i hvite tøystrimler. Tynne strimler. Hvite og tynne som tyllgardinene i den byleiligheten jeg kommer fra. I Tønsberg. Hos mor og far. Der ligger det. Mennesket. Urørlig. Nå. Nå kravler kameraten seg opp på beina. Står. Så kravler du deg opp på beina. Står. Begge står oppreist på isen. Halter. Dere halter. Tripper. Faller. Du glir og faller. Men klarer å reise deg igjen. Tripper på styltebein. Begge tripper på styltebein. Bort til den hvitkledde. Som bare ligger der med ansiktet ned. Jeg ser. Dere ser ikke på meg. Bare på den hvitkledde. Skriker. Dere begynner å gaule igjen. Hauke ... [...] Hauker! Dere! Hauker. Står over et menneske som ligger med ansiktet ned i isen. Fekter med armene. Jeg ser. Jeg så. Jeg ser. Armene veiver i tom luft over mennesket. Som bare ligger der. Urørlig. [...] Dere haler det hvite mennesket etter hvert sitt bein. Som en kjelke. To skjæker. Haler og drar. Over isen. Nedover tunet. Trekker det etter dere på magen. [...] Ser dere trekke det hvite mennesket etter dere nedover mot

94

låveveggen. Og nå. Ja, nå ser jeg en snøhaug. En virkelig snø-
haug ser jeg. Nå vet jeg det: Takras. Det er en snøfonn etter et
takras. Snø som ennå ikke har smeltet i mildværet. Det er det.
Og der. Jeg ser. Det hvite mennesket reiser seg opp mot veg-
gen. Der. Langsomt reiser det seg opp. Det står. Der står det.
Oppreist. Snøhvitt mot den røde veggen. (609–610)

Riktignok er dette naboens minne, men fortelleren har jo for
lengst forklart leseren hvordan tankene deres – som lyset fra
utelampene – glir over i hverandre og «blande[r] seg som
måneskinn og avdagsrødme» (592), og det er også vanskelig å
forestille seg at synet av alt det hvite, det bandasjerte liket og
landskapet rundt, ikke skulle ha festet seg i fortelleren. For han
innrømmer til slutt episoden, og da plutselig tilsynelatende uten
de helt store kvalene: «Det var nødvendig for meg. Jeg er soli-
darisk med fjortenåringen som torde gjøre dette. Jeg har aldri
angret» (611).

Ser man så igjen på fortellerens beskrivelse av møtet med
den hvite elgen, er det hvitheten han dveler ved, og stilistisk sett
gjør han det omtrent på samme måte som naboen reflekterte
over minnet om det bandasjerte liket, med den samme stakkato
rytmen og den samme fragmentariske syntaksen:

Jeg gikk midt inne i mine egne tanker da jeg hørte et kvistknekk
nede på elvebrauta ved Svarthøl. I det samme så jeg et stort hvitt
dyr komme i tanende sprang gjennom den nakne bjørkeskogen.

Jeg stanset. Hvitt. Et skinnende hvitt dyr. I heimeskogen
min. Hvitt som bjørkeleggene. Isbjørnhvitt. Eventyrlig som en
enhjørning.

Kopte. Jeg kopte. Dyret var langbeint. Større enn en hest.
Høyere. To horn stakk ut til hver sin side. Skovler. Ja, horna
minnet om skovler. Hakkete skovler.

95

Hva? Jeg. Så. Plump kropp på tynne bein. Kort hals. Hodet langt som et hestehode. Lengre.

Lyttet. Knepp-knepp. Hørte. Dyret knepret mens det sprang. Beina knepret. Som når tørrkvist knekker.

Dyret braste ut på veien, oppdaget meg, gjorde et tverrkast med hodet og skvatt inn i oreskogen oppover mot myrdraget. Det glimtet hvitt, som et dryss av snø, inne mellom de grå stammene.

Så ble dyret borte mellom trærne.

(621)

Hendelsen finner sted i slutten av oktober, det er ennå bart og tørt i skogen – likevel dette: «som dryss av snø, inne mellom de grå stammene». Kan det så være at det ikke er det fremmede ved elgen som uroer ham, men det kjente, det han har måttet holde skjult: minnet om bestefaren, nazisympatisøren? Det ville i så fall gi mening, tatt i betraktning at elgen jo vandrer gjennom råtne skogfelt, mellom trær som, når de meies ned, omtales som «en hær på 500 graner» (639). Eller – skulle man kunne driste seg til å si: i krigsherjede omgivelser? Som leser tenker man sitt når fortelleren i en annen sammenheng, i samtale med Jens Songe, formannen i viltnemnda, opplyser om at en tjuvskytter har skutt en elg i heimeskogen. Ikke den hvite elgen – visstnok – men like fullt.

Det finnes også andre elementer i teksten som antyder en slik forbindelse mellom bestefaren og elgen. Bestefaren blir beskrevet på en måte som får ham til å minne om et dyr, eller i hvert fall noe umenneskelig. «Vi vet så mye» er en novelle det simpelthen vrimler av dyremetaforer i, og disse metaforene har én hovedfunksjon: å problematisere ulike former for dehumanisering. Jeg kommer tilbake til dette, men først skal også de fire tuene plasseres: Hvor kommer de fra? Og hva minner de om?

Funnet av de underlige tuene finner sted en måneds tid før møtet med elgen, og de første som oppdager dem, er to tolvåringer som er på ekskursjon i heimeskogen med naturfagklassen. De oppsøker fortelleren, eieren av skogen, for å få vite hva slags fenomen de har å gjøre med, men etter å ha lyttet til guttenes beskrivelser, vet heller ikke han hvordan de skal forklares – og han blir ikke klokere av å se dem med egne øyne. Tuene ligner ifølge fortelleren maurtuer, men de ligger «formålsløse og golde»; ikke et eneste dyr er å finne på dem, selv nettverket av underjordiske ganger mangler: «Ståltråden jeg stakk ned gjennom dem fra toppen, støtte [...] på fast mark» (617). Under lesningen av «Vi vet så mye» forstår man raskt at karakterene så vel som novellen selv er full av hemmeligheter, men den eneste hemmeligheten som nevnes eksplisitt, er oppdagelsen av tuene. Fortelleren og guttene blir, av en eller annen grunn, enige om at de ikke skal fortelle noen hva de har sett: «Vi gikk der og gjemte en gåte inne i et mysterium og pakket alt inn i en stor hemmelighet før vi slo en ariadnetråd omkring og knyttet den med en gordisk knute, slik jeg så ofte hadde gjort da jeg var guttunge» (617). Dermed har teksten også gitt leseren et hint om hva synet av tuene vekker til live i fortelleren. For av alle hemmelighetene han bar på som guttunge, er historien om hva han gjorde med liket av bestefaren, nok den han vernet mest om. De første reaksjonene på naboens avsløring tyder på det. Fortelleren forbinder tuene med barndomsminner, og disse minnene kan på en eller annen måte relateres til hendelsen på tunet. «Tenker jeg alvorlig på hestemaurtuer, tenker jeg alltid samtidig på Lisbet som var budeie her på garden da jeg var guttunge,» bemerker fortelleren et sted – og han fortsetter:

Lisbet hadde skulderlangt brungyllent hår, og hver gang hun skjøt opp over vass-skorpa i Svarthøl etter stupet fra brauta, var ansiktet hennes helt gjemt inne i de tjukke tjafsene. Når hun svømte omkring, duppet og fløt hodet hennes som en liten barnåltue på vannet. Øynene hennes kunne jeg ikke oppdage, men jeg visste at de kunne se meg, for hun holdt alltid stø kurs enten hun svømte mot bergskorta på den andre siden eller mot furustubben som hun huket tak i når hun trakk kroppen opp av hølen, hvit som en persillerot rykket opp av våtsvart jord. (616)

Denne følelsen av å bli betraktet overmanner ham også ute på glenna: «Noe glodde på oss. På meg» (617). Nå skal det etter hvert bli klart for både fortelleren og leseren at naboen, i forbindelse med utgravingen av brønnen, lenge har lusket rundt i skogen, og at det derfor godt kan hende at fortelleren og de to guttene blir observert – men scenariet leder uansett leserens tanker til likskjendingen, den eneste episoden i novellen man med sikkerhet vet at fortelleren *ble* betraktet. At det er to guttunger som oppdager tuene, er også av en viss betydning: Som vennepar har de en åpenbar parallell i venneparet på tunet. Det første man får høre om tuenes beliggenhet, er dessuten at de er plassert i hvert sitt hjørne av en «låvegolvstor glenne» – en formulering som med all tydelighet forbinder tuene med låven, der bestefarens kiste altså ble oppbevart. På dette tidspunktet vet ikke fortelleren hva han et par måneder senere skal komme til å oppdage på naboens låve, men for den som kjenner novellens slutt, fremstår formuleringen òg som et frempek. Det skal vise seg at tuene er naboens verk. Etter å ha funnet naboen på bunnen av den dype brønnen, og forstått at dyrene på låven ikke kan ha fått mat mens naboen var borte, utbryter han for seg selv: «Grannen! Å ja, nå forstod jeg det jeg burde ha visst: Hvor grusen i de fordekte maurtuene kom fra. Og hvem som hadde lagt tuene på glenna. Grannen min var det!» (629). Slik etablerer «Vi vet så mye» et nettverk av løse og mindre løse forbindelser som er typisk for Herbjørnsruds noveller, et system av assosiasjoner, der ulike elementer synes å ha med hverandre å gjøre, men samtidig bare så vidt berører hverandres betydnings- og konnotasjonsfelt. Dette blir også tydelig om man forsøker å se møtet med elgen og oppdagelsen av tuene i sammenheng med hverandre. Lisbets hode fløt angivelig som en barnåltue når hun badet i Svarthøl, kroppen hennes var «hvit som en persillerot» – og vannet hun bader i, ligger like ved stedet der fortelleren mange år senere får øye på den hvite elgen.

Sjamanisme eller ei: Om fortelleren avskriver Freuds teorier, går novellen langt i å påstå at de fortsatt har gyldighet. Novellen viser at fortellerens verden henger sammen på måter han selv ikke alltid overskuer. Man kunne hevde at vi – igjen – har å gjøre med et eksempel på Blooms mest kjente korrektivbevegelse, *clinamen*: Freud var, ifølge fortelleren, menneskekjenner inntil et visst punkt i historien, før man ble vitne til en annen, og i sitt vesen fullstendig uforståelig, menneskelig fremfred – en fremferd som krever et helt annet språk, et helt annet vokabular, når den skal beskrives, nemlig det man finner i fortellerens egen tekst. Problemet er bare at mye fortsatt er uklart når det gjelder fortellerens egen rolle i alt som foregår i heimeskogen. Som leser kan man bli spesielt betenkt av fortellerens skildring av naboens opphold i brønnen. For slik massegraven på låven fremstår som en grotesk rekonstruksjon av dødsleirene under krigen, er det som om naboens bevegelser hele veien legger seg oppå, og repeterer, foreldrenes og besteforeldrenes. Brønnen i heimeskogen har jo sin åpenbare parallell i jordhulene i hjertet av de polske Kotlinaskogene. Hvor befinner så fortelleren seg i dette dramaet? Hvordan velger *han* å handle i den pågående krigen? Eller, for å spisse spørsmålet: Hvilken side er han på? Til tross for de mange hullene i fortellerens fremstilling er det mulig å følge bevegelsene hans relativt tett, både før og etter naboens forsvinning – og det novellen viser, er at dobbeltgjengerrelasjonen ikke tillater fortelleren å betrakte begivenhetene på avstand. Den enes handling er alltid viklet inn i den andres, som en form for determinisme. Som fortelleren selv et sted formulerer det: «Jeg røyker, men det er [grannen] som går med lighteren på seg» (606).

Reddet jeg livet ditt i dag?

Den aller første setningen i «Vi vet så mye» sier sitt om hvilket deterministisk univers leseren er i ferd med å tre inn i: «De kom for å hente ham en god stund før soloppgang i går». Slik beskriver fortelleren pågripelsen av naboen, og slik setter han scenariet – også sin egen handling: angivelsen – i en langt større, og betraktelig mer kompleks, sammenheng. Åpningen vekker til live historien om det bibelske angiveriet og evangelienes skildring av pågripelsen av Jesus i Getsemane hage. Med unntak av Markus gjør som kjent alle evangelistene et poeng ut av at Jesus visste han ville bli forrådt. I Matteus-evangeliet finnes utallige varianter av utsagn som: «Sannelig, jeg sier dere: En av dere skal forråde meg» (Matt 26, 20). Og i Johannes-evangeliet oppfordrer til og med Jesus forræderen Judas til å fylle den rollen profetene har tildelt ham: «Gjør det snart, det du vil gjøre» (Joh 13, 27). Når Judas så til slutt peker ham ut for «de som var kommet for å gripe ham», forklarer Jesus at «alt dette er skjedd for at profetenes skrifter skulle oppfylles» (Luk 22, 52; Matt 26, 56). Det bibelske forræderiet tvinger en til å spørre: Handler karakterene av fri vilje? Er det mulig for forræderen å velge annerledes? Ifølge evangeliene, nei. I «Vi vet

100

så mye» skulle man i utgangspunktet tro at karakterene hadde større handlingsrom – her finnes ingen religiøse profetier – men også her understrekes det gang på gang hvordan den som skal bli angitt, vet hva som venter: «[Grannen hadde] vært forberedt på det som skulle skje. At de kom for å hente ham» (613). Det mest urovekkende er likevel at fortellerens allusjon til det bibelske angiveriet jo impliserer at han selv er en forræder. Samtidig iscenesetter allusjonen naboen som en Kristus-figur, som en martyr – noe også andre bilder og situasjoner i novellen bidrar til å bygge opp under. De mange passasjene som plasserer ham bak et av vinduene i huset – delvis skjult bak sprossene, som krysser hverandre som kors – kan få en til å assosiere i retning av Jesus på korset. Ja, «Vi vet så mye» er i det hele tatt en novelle det kryr av religiøse bilder i. Etter oppdagelsen av tuene anfører fortelleren at han opplever å få «tankekors lagt på skuldra», og at han «stabbet traktorveien hjem til garden som på en slags Via dolorosa» (619). (Dobbeltgjengere, *indeed*: I denne historien bærer de hvert sitt kors.) Samme natt som fortelleren skal komme til å finne naboen i brønnen, etter samtalen med Jens Songe om tjuvslaktet i skogen, spør kona Anna videre tre ganger om dette tjuvslaktet – fortelleren benekter ingenting, men scenen har en viss gjenklang i Peters berømte fornektelse av Jesus (og når det gjelder dette med fornektelse, må man kunne si at dét er en impuls man etter hvert forbinder med fortelleren): «Anna spurte om tjuvslaktet. Jeg svarte. [...] Anna spurte på ny om tjuvslaktet. Svarte. [...] Anna spurte om tjuvslaktet. Svarte» (625). Litt lenger ned på siden får man høre at lyset fra lommelykta treffer ispyttene på veien «som en tyv i natten» (Herrens gjenkomst beskrives blant annet i Paulus' første brev til tessalonikerne som en tyv om natten, og gjenkomsten er som kjent dårlig nytt for alle syndere, som vil bli ført mot undergangen). Da fortelleren ser den lidende naboen, på bunnen av

101

brønnen, utbryter han: «[J]eg hadde en fornemmelse av at jeg kunne se alle verdens ansikter i dette ene ansiktet, og av at jeg til slutt så mitt eget ansikt og møtte mitt eget blikk» (631). I likhet med Jesus *er* jo også naboen en som i en viss forstand lider, fordi han tar på seg andres lidelse: foreldrenes, besteforeldrenes. Men til tross for at flere av de religiøse henvisningene i novellen gir mer eller mindre mening, er det som om det hefter en dobbelthet ved dem. Som tilfellet er med de freudianske referansene er det ikke alltid godt å avgjøre om fortelleren mener alvor, eller om han harselerer litt med det religiøse språket. Det finnes en religionskritisk impuls i teksten. Et sted omtaler forteller alt som har med tvil og tro å gjøre, som «luftig», og innledningsvis i novellen får man høre om hans kristne barnetro – i nokså rabiate vendinger: «Den kristne barnetroen min forkynte at de jødene som ble gasset og kremert i Birkenau, stupte rett i helvete der de skulle stekes på spidd over åpen svovelild i evigheters evighet. Kjødets oppstandelse sikret at de fikk med seg de uttærte kroppene sine så pinen ble fysisk og fullstendig. [...] Jeg frøs ved søndagsskolens rødglødende kakkelovn i kalde vintermorgener» (598). Det er mildt sagt vanskelig å ta passasjen helt alvorlig – religionskritisk er den åpenbart, men det spørs om passasjen ikke først og fremst skal tolkes som et uttrykk for den sosiale utstøtelsen fortelleren nok på et eller annet tidspunkt må ha opplevd i kjølvannet av krigen – som barn fra en medløperfamilie.

Men, for å forfølge denne digresjonen enda et lite stykke: Lest i sammenheng med forfatterskapet gir passasjen en også, nettopp på grunn av sin ekstreme, ja, nesten karnevaleske, karakter, grunn til å spørre: Er Herbjørnsrud noe særlig opptatt av teologiske problemstillinger? En del av (spesielt de tidlige) novellene utspiller seg innenfor religiøse miljøer – tenk bare på novellene i *Vitner*: fortelleren i «To ansikter. Tre stemmer» er vekkelsespredikant, og de fleste karakterene i «Frendeløs» og «Johannes Hauge, 63 år, bonde» tilhører pinsemenigheten (det samme gjelder for eksempel karakterene i tittelnovellen i *Han*) – men i den grad disse novellene diskuterer religiøse problemstillinger, gjør de det så å si uten interesse for selve det religiøse. I en artikkel om første verdenskrigs innvirkning på litteraturen, publisert i *Samtiden* 1964, skriver Herbjørnsrud, som den gang var tilknyttet miljøet rundt ukeavisa *Orientering*: «Vi unge har innlemmet Borgens metafysiske roman *Jeg* blant våre hellige bøker» (Herbjørnsrud 1964: 528). I forlengelsen av dette kunne man si at Herbjørnsrud – i novellene – forholder seg til de bibelske bildene og historiene som om de skulle ha inngått i en sekulær bok. Er det noe Herbjørnsruds forfatterskap viser, er det at historier som den om Kain og Abel, eller den om angiveriet, ikke nødvendigvis må forstås innenfor en religiøs kontekst for at de skal være meningsfulle.

Som leser blir man uansett aldri sikker på om fortelleren i «Vi vet så mye» kan stå inne for politianmeldelsen eller ikke. Men gitt novellens krigsunivers er ikke dette så underlig. For når alt annet i denne historien har sin pendant i krigshandlinger, hvorfor skulle ikke også angivelsen – for fortelleren selv – kunne fremstå som en gjentagelse av angiveriene under krigen?

Etter bare å ha lest novellens første side vet man altså hvordan det hele ender: Fortelleren angir til slutt naboen. Men i det som følger, vier novellen temmelig mye plass til fortellerens samvittighetskvaler. Her er det fullt av formuleringer av typen: «Vet du at jeg er medansvarlig for det som skjer på garden din? Jeg har visst om det redselsfulle lenge og ant det enda lenger. Men unnlatt å melde deg. I natt skal jeg sove» (2003: 605), og: «Hva er det for djevelskap som driver deg? Du vet hvilket helvete det er på garden din nå. Du vet det! Holocaust! Du vet det! Og nå skal politiet få vite det. I natt skal jeg sove» (608), og:

«Hva i helvete er det du driver på med? Jeg vet hva som skjer oppe på garden din nå. Du er klar over det? At jeg vet det? I natt skal jeg sove» (611) – og: «Snart kommer jeg til å tyste. Det er jeg nødt til. Jeg har ikke lov til å gå her og glemme» (601). Går det automatikk i fortellerens besvergelser? Man kan få litt følelsen av det, og dette skyldes ikke bare de mange gjentagelsene i hans egne utsagn, men også at disse gjentagelsene jo *er* oppgulp. «Jeg har ikke lov til å gå her og glemme» og de ulike variantene av «I natt skal jeg sove» er formuleringer man kjenner igjen fra det diktet som for ettertiden er blitt stående som en av de, i norsk sammenheng, tidligste advarslene mot nazismens fremvekst, og som vel nesten er for obligatorisk skolelærdom å regne, nemlig Arnulf Øverlands «Du må ikke sove» – også dette, for øvrig, en tekst som innledes i nattemørket:

> Jeg våknet en natt av en underlig drøm,
> det var som en stemme talte til mig,
> fjern som en underjordisk strøm –
> og jeg reiste mig op: Hvad er det du vil mig?

> – Du må ikke sove! Du må ikke sove!
> Du må ikke tro, at du bare har drømt!
> I går blev jeg dømt.
> I natt har de reist skafottet i gården.
> De henter mig klokken fem i morgen!

> [...]

> Du må ikke sitte trygt i ditt hjem
> og si: Det er sørgelig, stakkars dem!
> Du må ikke tåle så inderlig vel
> den urett som ikke rammer dig selv!

Jeg roper med siste pust av min stemme:
Du har ikke lov til å gå der og glemme!
(Øverland 1986: 296–297)

Poenget er at fortelleren, tross insisteringen på det motsatte,
ikke virker helt overbevist om at en anmeldelse av naboen vil
kunne lette samvittigheten hans. Den natten han angivelig skal
få sove, gjør han da heller ingenting annet enn å late som:

Jeg var alene på garden. Anna var på historikerseminar i
Tønsberg. Jeg hadde planlagt det slik. At det var denne mor-
genen politiet skulle komme. Og at jeg skulle være alene her
da. Derfor sto også dette huset med svarte vinduer. Jeg sov.
Bare utelampene lyste. [...] Jeg fant ikke skjorta. Men jeg ville
ikke tenne. [...] Det som skjedde der oppe, hadde ikke vek-
ket meg. Jeg var uberørt. Derfor sov jeg. Jeg trivlet langsetter
veggen til jeg fikk tak i slåbroken, tok den på og stomlet
i mørke ned trappa og inn på badet. Jeg skrudde opp for
kokende dusjvann og lot det stråle til vinduet ble dogget og
ugjennomsiktig. Deretter blenda jeg badevinduet ved å henge
slåbroken over gardinstanga. Jeg sov jo. Så tente jeg lyset.
(594–595)

Denne konflikten i fortelleren er symptomatisk for den formen
for logikk som regjerer i «Vi vet så mye». Man kunne omtale
den som en omvendt logikk: Alt er så å si snudd på hodet. Begi-
venhetene følger hverandre på en måte som kan minne om en
viss logikk, en viss følgeriktighet, men karakterenes handlin-
ger er samtidig fullstendig avsindige. Det er så man igjen kan
komme til å tenke på samtalen mellom Imre Kertész og Zoltán
Haffner. «Logikken ender der Auschwitz begynner,» anfører
Kertész – og fortsetter:

Men i forgrunnen kommer en slags tankemessig tvang, som er svært lik logikken, fordi den leder mennesket, bare nettopp ikke langs logikkens vei. Jeg på min side leter etter denne tråden, denne mistilpassede tankegangen, som på tvangsmessig vis fremstiller det absurde som logisk, fordi vi ikke har noe annet valg i Auschwitz-fellen. (Kertész 2008: 51)

I *Uten skjebne* kan man som sagt spore denne «mistilpassede tankegangen» i Köves' fortellinger om dødsleirene, de små ordene og formuleringene som bidrar til å normalisere erfaringene. En lignende tendens til å forklare og til dels rettferdiggjøre det absurde finner man også hos Herbjørnsruds karakter, men denne holdningen er ikke eksplisitt formulert – og som leser blir man, paradoksalt nok, først ordentlig klar over den idet fortelleren mener å bli presset mot noe uhørt:

Det begynte å demre for meg at jeg var blitt skjøvet inn i en dynamikk som presset meg framover mot et eller annet uhørt. Snart forstod jeg at jeg levde midt inne i en fortelling der handling og språk higet etter en uventet og snapp-pustet slutt. Viljeløst ble jeg drevet med. (620)

Hva er så dette uhørte? Fra leserens ståsted er det særlig to hendelser man vil kunne bruke denne betegnelsen om: massegraven på låven og naboens opphold i brønnen.* Disse to hendelsene er

---

*Som jeg skal komme tilbake til mot slutten av kapitlet, hevder for øvrig fortelleren, i forbindelse med en beskrivelse av Dusjerne, at naboen «hører til disse kunstnerne der noe overhendig, men skjult ligger under det de skaper, noe uhyggelig og uhørt» (604). Dette utsagnet er også av en viss relevans for den teksten han selv skriver, novellen vi leser. Goethe hevder i en samtale med Johann Peter Eckermann i 1827 at novellen som sjanger kjennetegnes av å handle om noe man ikke før har hørt om, ja, det *uhørte* – anføringen er for ettertiden blitt stående som den vel mest kjente sjangerdefinisjon av novellen

tett forbundet med hverandre. Når naboen forsvinner fra går-
den, begynner dyra å sulte. Men samme dag som naboen går
under jorda, reiser fortelleren selv av gårde – til Polen. Han vet
angivelig ingenting om naboens bedrifter, men har fått nok av
alt det underlige som foregår i heimeskogen, og trenger en pause
fra det hele. Ti dager senere finner han naboen – med fortelle-
rens egne ord: «seks fot under all fornuft» (632). En viss mening
må naboens oppholdssted likevel gi for fortelleren; hvordan
skulle han ellers kunne klare å finne ham midt på natta, dypt

---

– og det uhørte utgjør altså både formelt og tematisk et slags sentrum i Her-
bjørnsruds «Vi vet så mye» (Goethe 1960: 726). Samme år som denne samtalen
finner sted, utgir Maurits Hansen, av Edvard Beyer omtalt som «den norske
novellens far», en novelle med tittelen «Novellen» (Beyer 1971: 13). Som tit-
telen mer enn antyder, er denne teksten i en viss forstand en metanovelle, og
den innledes med fortellerens temmelig uhøytidelige refleksjoner rundt hvor-
dan skrive en god novelle. Svaret gis naturligvis i form av novellen selv. I tråd
med Goethes refleksjoner er teksten bygd opp rundt en typisk uhørt hendelse,
en hendelse fortelleren selv første gang fikk høre om i sin tidlige barndom.
Historien man så får høre, handler om en viss jomfru Sars som skal ha hatt
et svært «uhyggelig væsen», og som en gang hun besøkte fortellerens familie,
skal ha vært i en så oppskjørtet stemning at bare den lystige Skipper Johnsen
evnet å jage bort «det uhjemlige, som havde ængstet os» (20, 22). Så vidt jeg
vet, er dette en av de aller første gangene det uheimlige, som begrep, dukker
opp i norsk litterær sammenheng – og ikke uten grunn. For i *sin* ungdom ble
jomfru Sars – ved et uhell? – stengt nede i en kjeller; i likhet med naboen i «Vi
vet så mye» skal hun altså ha blitt begravd levende, men der naboen ble funnet
etter ti dager, tok det visstnok flere år før noen – ved en tilfeldighet? – opp-
daget jomfru Sars. Om man først betegner Hansen som den norske novellens
far, kunne man også hevde at den norske novellen – som sjanger – står i et
spesielt forhold til det uheimlige. I diskusjoner om Herbjørnsruds forhold til
novellesjangeren fremhever man gjerne, og med full rett, hvordan novellene
bryter med de klassiske novellekriteriene, ikke minst fordi de ofte er så lange
(litteraturkritikeren Bjørn Gabrielsen omtaler dem symptomatisk nok som anti-
noveller (Gabrielsen 2001: 48)). Men i det perspektivet jeg her har skissert,
kunne man like gjerne hevde at Herbjørnsrud rendyrker sjangeren, slik Goethe
definerte den, og slik Hansen i norsk sammenheng etablerte den.

107

inne i skogen, under en stor lem dekket av furunåler? Fortelle-
rens forklaring er som følger: Bare noen timer før han oppdager
brønnen, er han på vei hjem fra et møte i heimeskogen med Jens
Songe, lederen i viltnemnda, og idet han krysser bjørkefeltet
og går inn i granskogen, begynner han å høre lyder som kan
minne om reveglam: «Ærvv!». Hele ti ganger, med få minut-
ters mellomrom, hører han glammet bryte gjennom stillheten.
Han følger lydene et stykke på vei, før han brått snur og raser
hjemover – og som et ekko av de ulike karakterene i «Skjelet-
tet og anatomiboka», som alle på ulike tidspunkt påpeker at
det skremmende med Wergelands dikt, er at det hadde sett for
mye, konstaterer han: «Ørene mine hadde hørt for mye» (624).
Vet han hva han hører? Rundt midnatt går han ut i skogen
igjen – nærmest viljeløst: «Jeg tenkte ikke, jeg gikk, og skrit-
tene visste mer enn jeg» (625) – og ender opp ved teigen med
de råtne trærne. Her oppdager han en svær plate, og mens han
børster vekk barnålene og kvistverket som skjuler den, begyn-
ner han å slippe fra seg underlige utrop, lyder som kan minne
om reveglammene han hørte tidligere på kvelden, ja, det er som
om han snakker et hemmelig språk, hvis betydning er skjult for
utenforstående: «Hau!» Igjen og igjen dette: «Hau!». Til slutt
sleper han bort platen, og på bunnen av den dype brønnen får
han øye på naboen:

> Kroppen min ble ikke støkt, og det skremte meg. Den måtte ha
> vært forberedt på det som jeg nå opplevde. Ja, den måtte ha for-
> stått alt før jeg selv fikk vite noe. Med forferdelse la jeg merke
> til at skikkelsen min brått falt ned på kne og bøyde seg over
> hullet, og at munnen min åpnet seg og begynte å snakke med
> en besynderlig varm og rørt stemme: – Det er ikke noen fare
> lenger.[...] Du hører jo at jeg er grannen din [...]. (629–630)

Fortellerens reaksjon er oppsiktsvekkende, så oppsiktsvekkende at han selv forferdes. Hvordan kunne han, eller kroppen hans, ha vært forberedt på en slik situasjon, et scenario han jo også er den første til å omtale som det rene «galmannsverk»? Jeg har allerede nevnt at funnet av naboen – for fortellerens del – kaster et forklarende lys over de underlige tuene på glenna. I ordelag som slekter på den formuleringen som har gitt opphav til novellens tittel, innrømmer han: «[N]å forstod jeg det jeg burde ha visst: Hvor grusen i de fordekte maurtuene kom fra» (629). Leserens tanker går i samme retning, ikke til selve tuene, men til det spørsmålet en av guttene stilte fortelleren: «Men hva er dette for noe da? [...] Er det noen kryp eller dyr som greier å lage slike hus av sand? Og etterpå greier å dekke dem med barnåler?» (615). Spørsmålet er betimelig også når det gjelder naboens brønn. For fortelleren presiserer at plata som skjuler åpningen, var dekket av et par tommer tykt lag av nåler og kvas, og at plata var så tung at han måtte trekke den etter seg for å få den fjernet. Hvordan kan naboen ha klart å gjennomføre dette prosjektet på egen hånd? Er det praktisk mulig? Leseren vet at det var naboen som slo lemmen over dyra på låven – men man blir nødt til å spørre: Hvem skjøv plata over brønnen han selv krøp ned i? Skjønt nødt, svaret gir seg vel nesten selv, all den tid novellen strengt tatt bare presenterer en for to karakterer, slik krigen den beskriver, bare har to aktører. Men hvis fortelleren har bistått naboen, for så å reise til Polen i over en uke, må han ha visst at han bidro til å utsette ham for livsfare. Deltagelsen innebærer også at fortelleren *er* medskyldig i forbrytelsen på låven – for i så fall dro han av gårde med vissheten om at dyra på nabogården sto igjen uten noen til å passe dem.

Men kan man ta for gitt at fortellerens handling er en fiendtlig handling? Mye tyder tvert imot på at han handler med de beste intensjoner. Hvis han først ville bli kvitt naboen, hvorfor da redde ham? Og hvorfor er det akkurat Polen han reiser til, den dagen han skyver platen over brønnen? Hvorfor til Warszawas gamleby, Stare Miasto, som ble bombet sønder og sammen under krigen, men som i dag står gjenreist som en kulisse av bylandskapet før bombingen? Hvorfor til Rzezów, det lille stedet som skulle vise seg å bli første stopp på den lange veien til Birkenau for naboens besteforeldre? Hvorfor til Kotlina-skogene, der naboens foreldre ble liggende i *sine* jordhuler i enda to år? Til tross for at krigen gjentas på en rekke forskjellige måter i «Vi vet så mye», forteller selve plottet at når krigen rekonstrueres innenfor nye rammer, er ikke bildet av den lenger entydig – eller, for å knytte an til de to karakterenes opptatthet av gamle fotografier: Bildet er ikke lenger svart-hvitt. Naboen kan ikke gjenta offerrollen uten at han blir en overgriper, slik fortelleren ikke kan innta hjelperens rolle, uten at det på sikt gjør ham til medløper.

Det er på tide å vende tilbake til fortellerens vegring mot å angi naboen. At han selv – indirekte – er delaktig i forbrytelsen på låven, forklarer noe av motviljen, men som leser kan man få inntrykk av at fortellerens tvil først og fremst skyldes at han simpelthen ikke vet sikkert hva som er rett og galt. Er det ikke derfor han stadig rettferdiggjør anmeldelsen ved å vise til en ytre instans? «Loven gjør meg ansvarlig,» hevder han; ja, ikke bare ansvarlig – den forplikter ham også: «Jeg har rett til å angi deg. Plikt» (601). Men hva er rett og galt i krig? Var det ikke nettopp ord som *lovlydig* og *pliktbevisst* Hannah Arendt benyttet seg av da hun skulle karakterisere Adolf Eichmann? «[A]lt hva han gjorde, det gjorde han så vidt han kunne se som en lovlydig borger. Han gjorde sin *plikt*, som han stadig gjentok til politiet og i retten; han adlød ikke bare ordre, han adlød også *loven*,» skriver Arendt (1998: 139). Den samme loven,

110

som alle naziokkuperte land, inkludert Norge, var underlagt, definerte det som ulovlig å skjule eller hjelpe jøder og motstandsarbeidere på flukt. Når fortelleren likevel drøyer i det lengste med å anmelde naboen, er det etter alt å dømme fordi handlingen fremstår for ham som en medløpers handling, en handling bestefaren, under krigen, muligens ville kunne stått inne for. Til syvende og sist er det uansett et mer personlig forhold fortelleren rettferdiggjør anmeldelsen med: «I november berget jeg livet ditt [...] Det skal du huske når jeg angir deg. At du lever. At du kan takke meg for livet ditt. Jeg har rett til å angi deg» (601). Men kan man som leser vite sikkert hvilken redningsaksjon han sikter til? Et annet av fortellerens utsagn gir en grunn til lure. Etter å ha hjulpet naboen opp av brønnen og støttet ham gjennom skogen og tilbake til gården, mumler fortelleren for seg selv: «Reddet jeg livet ditt i dag?» – som om det ikke er helt gitt hvor han ville ha størst sjanse til å overleve (637). Kan det så være at redningsaksjonen han snakker om, ikke er at han hjalp naboen opp av brønnen, men *ned* i den?

Reisen til Polen bygger opp under en slik antagelse. For hva tenker han på mens han vandrer rundt i Kotlinaskogene? Kanskje at de som skjulte åpningene til *denne* skogens jordhuler, var redningsmenn – selv om de begravde mennesker levende. Naboens foreldre er ett bevis på dette. Men deres historie forteller også at det å vende tilbake til verden, ikke er det samme som å kunne leve i den, eller, for igjen å dra veksel på Jean Amérys betraktninger: kunne ha tillit den (*Weltvertrauen* er det mest sentrale begrepet i *Ved forstandens grenser*). Ifølge naboen var det skammen over å være i live som drev dem til selvmord. «Jeg skammer meg også,» sier han til fortelleren (607) – og nedstigningen i brønnen kan nok et stykke på vei leses som et uttrykk for denne skammen. Men oppholdet i brønnen fremstår også som en mer irrasjonell impuls til å gjenta historien – ja, til å leve

111

ut foreldrenes «hemmelige liv», som faren til Lars i «Drenering 1963» formulerer det (253). Faren til Lars forsøker å forklare sønnens voldelige oppførsel i lys av sin egen fortid som front-soldat, og i denne forbindelse forteller han om noe han nylig har lest i avisen. I Tyskland skulle visstnok en gruppe ungdom-mer, tilsynelatende uten foranledning, ha rømt til skogs for å leve som fredløse. Etter hvert var det kommet fram at fedrene deres hadde vært soldater på Østfronten, og at de hadde kjem-pet i de russiske skogene, før de var blitt avskåret og tvunget til å leve som fredløse. Den samme artikkelen fortalte, ifølge faren til Lars, også om en ung jødisk jente som hadde sultet seg til hun hadde samme vekt som moren hadde hatt da hun kom fra Auschwitz.

Karakterene i «Vi vet så mye» har, om enn på ulikt vis, mye til felles med de menneskene denne avisartikkelen forteller om. Det er som om Historien tar regien over livene deres. Men mens naboen gjentar foreldrenes og besteforeldrenes handlin-ger, forsøker fortelleren i utgangspunktet, og til tross for all mulig ambivalens, å handle annerledes enn hva man kan fore-stille seg at bestefaren ville gjort – og dermed også å overskride fortiden. Det er ikke bare forsøket på å hjelpe naboen under jorda som gir leseren en indikasjon på dette, men også reak-sjonen når han siden finner ham. Mens han ellers i teksten gjentar, nesten til det kjedsommelige, hvor lite han begriper av naboens bedrifter, er det, til hans egen forskrekkelse, forståelse og empati han gir uttrykk for ved kanten av brønnen. «Du har ingenting å skamme deg over. Det er over nå,» hører han seg selv si (630) – før han tenker:

Jeg burde naturligvis ha skjelt ham ut. Eller jeg skulle kanskje først ha skjelt ut meg selv som den øyentjener jeg var blitt. Men isteden oppdaget jeg at også øynene svek meg enda de så hva

112

som foregikk. De tåret. Ja, øynene løp over. De tiplet og tiplet, og dråpene glimtet i lykteskinnet og dryppet ned på grusen i en tørr brønn som ikke alle verdens tårer kunne fylle. (632)

Selv billedbruken sier sitt om hvordan fortellerens reaksjoner og handlinger alltid er betinget av fortiden. Jeg tenker på en formulering som «øynene løp over», en formulering som jo også varsler om at fortelleren til slutt skal komme til – ja, er dømt til? – å skifte side. Reaksjonen ved brønnen fremstår ikke desto mindre som spontan, og av de videre beskrivelsene forstår man godt hvor den kommer fra. For naboen er så utsultet og forkommen at han minner mer om et dyr enn et menneske:

Jeg var hjemom og hentet føde og klær for grannen, gikk til skogs igjen og klatret ned i brønnen for å mate og pleie ham. Han gapte hissig som en *trostunge* etter havresuppa og var en *kalv* etter sjokolademelken. [...] Jeg så hvordan halsen hans arbeidet. Adamseplet virret opp og ned som en skremt *mus* inne i en barnestrømpe. [...] Stemmen hans var så gjørmet og *kråkehes* at ordene surklet til bunns i *krakselyder*. Da jeg spurte hvor lenge han hadde ligget under torva, rakte han to fingrer opp mot meg. I det samme hostet han, og fingrene kom til å spille som en kløftet *ormetunge* foran synet mitt. – Uker, gurglet det i strupen hans da *glammingen* opphørte. Så lenge kunne han umulig ha vært jordfestet. Jeg så ham samme dag jeg drog utenlands. Naturligvis var han blitt døgnvill som en *hvitål* i brønnen. Men han kunne ha gått under jorda den dagen jeg reiste. Da ville han ha ligget gravlagt i ti døgn. Det kunne også samsvare med skjegglengden, *ulvesulten* og den avpillede kroppen. Han hadde den albinohvite kjeledressen på seg [...] Slik han lå der nede på bunnen, reivet inn i de lysegule ullteppene og med hodet omvirvlet av stålgrått hår og skjegg, kom han til

113

å minne meg om de *oldenborrelarvene* jeg kunne finne når jeg veltet lemmen vekk fra kompostkummen i hagen. Da jeg satte stigen ned i brønnen, våknet han tvert. De svartblanke øynene i alt det lyse gjorde ham enda mer *larvelignende*. [...] Han skrevet på styltebein og sjanglet som en nyfødt *elgkalv* mens han tok de første skrittene. [...] Han satt lenge på en stubbe og så seg omkring på himmel og skog og mark før vi *sneglende* begynte å hangle hjemover. Han haket seg fast i meg og krykket seg fram. Føttene vimret lik *følehorn* over marken før han stemplet dem tvert ned. [...] Like før vi kom opp i tunet, løsgjorde han seg lempelig fra meg og ble fri som ved en celledeling. Selvhjulpen svaiet han ved siden av meg opp den lille brekka ved hestestallen. [...] Jeg la merke til hvor slunken han var inne i klærne mine. Buksebaken buklet seg som et *bulldogfjes* og forandret oppsyn for hvert steg han tok. (633–636, mine uthevelser).

Etter funnet av naboen i brønnen hoper igjen dyremetaforene seg opp. Jeg var så vidt inne på denne billedbruken i forbindelse med den hvite elgen, men kunne også ha nevnt den i andre sammenhenger. Når naboen tidlig i novellen forteller om besteforeldrene, sier han: «Besteforeldrene mine ble gasset. [...] De ble kjørt bort i kuvogner som kveg til slaktehuset» (601). På et litt senere tidspunkt skal fortelleren komme til å oppsummere historien deres på omtrent samme vis: «Besteforeldrene ble tatt i Kotlina 29. oktober 1943, kjørt til Rzeszów og fraktet derfra i krøttervogner, som slaktekveg, til Birkenau» (605–606). Og når naboen rekonstruerer dødsleirene på låven, er det altså som en massegrav for dyr. Dyremetaforene i novellen har en bestemt funksjon, nemlig å problematisere ulike former for dehumanisering. Naboens nedstigning i brønnen kan, i likhet med den jødiske jentas sulting, tolkes som en form for radikal sympatihandling. Men dyremetaforene i beskrivelsene etablerer ikke bare berøringspunkter med besteforeldrenes historie – de minner også leseren om at en av forutsetningene for at døds- og arbeidsleirene i det hele tatt kunne eksistere, jo var et tankesett som frarøvet bestemte mennesker status som enkeltindivid, ja, som menneske. Det er dette tankesettet som får Hannah Arendt, i sin bok om totalitære ideologier, til å snakke om dehumaniseringens ulike trinn, og det er det samme tankesettet som får den italienske filosofen Giorgio Agamben til å omtale leirene som en biopolitisk maskin. Dette begrepet utdyper han i forbindelse med Hitlers visjon om *ein Volkloser Raum* i det sentrale Vest-Europa, en visjon Hitler skal ha lagt fram på et hemmelig møte i 1937. Ifølge Agamben er det ikke her bare snakk om et geografisk område tomt for mennesker, men et område definert og regulert av det samme programmet som lå til grunn for konsentrasjonsleirene – et program som konsekvent forvandlet enkeltmennesker til befolkningsgrupper, befolkningsgrupper til såkalte muselmenn (Agamben 2002: 85–86). Og det er en muselmann naboen kan minne om, når han, tom og glassaktig i blikket, og med fortellerens hjelp, sjangler av gårde fra brønnen til gården, der hans egen variant av dødsleirene er i ferd med å ta form. Muselmenn var den betegnelsen man brukte om de aller svakeste i leirene, de det ikke lenger var noe håp for, de som var dømt til å gå til grunne; «[u]ten ansikter befolker de mitt minne,» skriver Primo Levi i boka *Hvis dette er et menneske* – en bok som ikke kunne ha båret sin tittel med større rett – og fortsetter:

[D]ersom jeg var i stand til i ett eneste bilde å gi uttrykk for alt det onde i vår tid, ville jeg ha valgt meg ut dette ene som er meg så altfor kjent: en radmager mann med hodet senket, med ryggen krumbøyd og med et ansikt og et par øyne der ikke en tanke står å lese. (Levi 2006: 104)

115

Som jeg påpekte innledningsvis i kapitlet, er dette òg Imre Kertész' sentrale poeng – at det tjuende århundre så å si defineres av et menneskesyn som reduserer individet til masse, frarøver mennesket dets menneskelighet. «Vi vet så mye» er da også den av Herbjørnsruds noveller som tydeligst illustrerer hvordan identitetsproblematikken i forfatterskapet med fordel kan leses mot en slik historisk og idéhistorisk bakgrunn. Og novellen er spesielt interessant fordi den nærmer seg denne problemstillingen fra to helt ulike kanter. Gjennom bruken av dyremetaforer diskuterer den dehumaniseringen av ofrene – men den peker også på den utfordringen det er for fortelleren (og naboen) å erkjenne at også bestefaren var et menneske, slik det for ettertiden mer generelt er vanskelig å ta innover seg at også forbryterne var mennesker, mennesker som på en eller annen måte har noe til felles med deg og meg. Det påfallende ved fortellerens gjengivelse av naboens erindring om bestefaren er ikke bare vektleggingen av alt det hvite, men også de utallige presiseringene av at det han ser, er et menneske – som om det er noe de begge må overbevise seg selv om. Hele elleve ganger får man høre det – og nå er det jeg som gjentar:

Hører. Jeg hører. Hylene. Du skrek som du skriker nå. Ja, lokket spretter opp. Jeg ser det nå. Ja, nå. Nå ser jeg det. Opp flyr lokket. Ut ruller *et hvitkledd menneske*. Hvitt som en birøkter. Velter ut. *Mennesket* velter ut. Rutsjer ikke på isen. Blir liggende. Ser. Jeg ser. Kassa kalver et bandasjert *menneske*. Som blir liggende der. Med ansiktet ned mot isen. Ser. *Et menneske*. Der. Bare noen skritt fra meg. Der. Som en snødrive på blankisen. Urørlig. Der. Med ansiktet i isen. Kroppen tullet inn. Reivet. Jeg ser. Strimler. *Mennesket* er viklet inn i hvite tøystrimler. Tynne strimler. Hvite og tynne som tyllgardinene i den byleiligheten jeg kommer fra. I Tønsberg. Hos mor og far.

116

Der ligger det. *Mennesket*. Urørlig. Nå. Nå kravler kameraten seg opp på beina. Står. Så kravler du deg opp på beina. Står. Begge står oppreist på isen. Halter. Dere halter. Tripper. Faller. Du glir og faller. Men klarer å reise deg igjen. Tripper på styltebein. Begge tripper på styltebein. Bort til den hvitkledde. Som bare ligger der med ansiktet ned. Jeg ser. Dere ser ikke på meg. Bare på den hvitkledde. Skriker. Dere begynner å gaule igjen. Hauke ... [...] Hauker! Dere! Hauker. Står over *et menneske* som ligger med ansiktet ned i isen. Fekter med armene. Jeg ser. Jeg så. Jeg ser. Armene veiver i tom luft over *mennesket*. Som bare ligger der. Urørlig. [...] Dere haler *det hvite mennesket* etter hvert sitt bein. Som en kjelke. To skjæker. Haler og drar. Over isen. Nedover tunet. Trekker det etter dere på magen. [...] Ser dere trekke *det hvite mennesket* etter dere nedover mot låveveggen. Og nå. Ja, nå ser jeg en snøhaug. En virkelig snøhaug ser jeg. Nå vet jeg det: Takras. Det er en snøfonn etter et takras. Snø som ennå ikke har smeltet i mildværet. Det er det. Og der. Jeg ser. *Det hvite mennesket* reiser seg opp mot veggen. Der. Langsomt reiser det seg opp. Det står. Der står det. Oppreist. Snøhvitt mot den røde veggen. (609–610, mine uthevelser)

Overordnet sett er det mest mistrøstige ved novellens univers at karakterene, i sin søken etter en historie som kunne ha sett annerledes ut, igjen og igjen støter på det samme bildet av fortiden. Uansett hvilken logikk de velger å følge, ender de opp med å gjenta fortidens synder: Naboen ved å stå ansvarlig for en massegrav, fortelleren ved å angi ham. Den bibelske allusjonen novellen innledes med, er sånn sett mer enn symptomatisk for den determinismen som gjennomsyrer karakterenes verden; den er definerende. Men gjennom denne determinismen problematiserer teksten også erindringens funksjon. Når vi minnes tidligere urett, er det blant annet fordi vi har en tanke om at det vil kunne bidra til å forhindre at noe lignende skjer igjen. I dette universet er det imidlertid erindringen som fremprovoserer rekonstruksjonen av krigen, og som hindrer de to naboene i å forsones med hverandre. Mens erindringen i enkelte andre av Herbjørnsruds noveller – som i «Gjesterommet 1966» og «På Gamletun i Europa» – har en positiv valør, virker den nesten utelukkende som en destruktiv kraft i «Vi vet så mye». «[F]ortiden skal aldri greie å knuse meg,» hevder fortelleren et sted (607) – men det er langt på vei dét den gjør. Spør så novellen om det ikke av og til også er nødvendig å glemme? Det er i så fall et modig spørsmål å stille. Og det er en problemstilling begge karakterene forholder seg til gjennom de kunstneriske prosjektene de arbeider med.

Å være granne til lidelsen

«Vi vet så mye» er nedtegnet i desember 1999, ved utgangen av det tjuende århundret, et århundre som, igjen og igjen, har tvunget litteraturen til en form for moralsk selvransaking, det vil si til å spørre: Hvordan, og med hvilket ansvar, skildrer man ekstrem brutalitet, ekstrem menneskelig lidelse – vold som ikke kjennetegnes av sin unntaksform, men tvert imot av å være hverdagsliggjort? En slik selvransaking finner man ikke minst innenfor den sterke europeiske tradisjonen for fangeleirlitteratur. Man finner den hos Imre Kertész (spesielt i *Uten skjebne*), Primo Levi (i erindringsbøkene så vel som i den eneste romanen han skrev, *Besøkelsestid*) og Jean Améry (mest i essaysamlingene, men også i de essayistiske romanene fra 1970-tallet), som alle skriver om nazileirene, slik man også finner den hos for-

118

fattere som skildrer de kommunistiske leirene: Herta Müller (*Pustegynge*), Aleksander Solsjenitsyn (*En dag i Ivan Denisovitsj' liv*), Danilo Kiš (*Et gravmæle for Boris Davidovitsj*), Ivo Andrić (*Den forbannede gården*), for bare å nevne noen få eksempler. Hver av disse bøkene tvinger leseren til å innse at også dette brutale livet har en hverdag, at også denne ufattelige volden kan hverdagsliggjøres, aksepteres og i siste instans usynliggjøres. For leseren er det kanskje dette, at alt, absolutt alt, kan glattes over og bli usynlig, som er det mest forskrekkende.

Herbjørnsruds novelle forholder seg naturligvis til disse problemstillingene, og refleksjonen rundt dem kommer til uttrykk gjennom de relativt opphetede diskusjonene rundt naboens kunstneriske prosjekt. Ved novellens slutt står det like fullt klart for en at de to karakterene – naboen med Dusjerne, fortelleren med teksten han skriver, novellen vi leser – deler et ønske om å motarbeide usynliggjøringen av volden, ikke gjennom en utstilling av hverdagsliggjøringen, slik man tydeligst ser det hos Kertész, men gjennom en slags sjokkeffekt. Novellens insisterende opptatthet av det uhørte, det uheimlige, alt utenom det vanlige, gjenspeiler naboens svakhet for det spektakulære. For om man skal tro fortelleren, hører som sagt naboen til «disse kunstnerne der noe overhendig, men skjult ligger under det de skaper, noe uhyggelig og uhørt» (604). Men «Vi vet så mye» er også oppmerksom på en annen side av denne saken: Teksten vet at den kunsten som skildrer det uhørte, selv kan bli uhørt, på den måten at den alltid står i fare for å utøve en eller annen form for vold mot det som skildres. Også kunsten kan være et overtramp. Dette tematiseres ganske direkte i novellen gjennom naboens bedrifter. Etter å ha lest hele fortellingen forstår man at naboen har rekonstruert dødsleirene på to forskjellige måter: en kunstnerisk (Dusjerne), og en faktisk (massegraven på låven). Disse rekonstruksjonene har i utgangspunktet ikke

119

noe med hverandre å gjøre, men i novellens sluttscene er det umulig å trekke en klar grense mellom den kunstneriske og den faktiske rekonstruksjonen. Natten før pågripelsen våger forteller til slutt å snike seg inn på naboens låve, men før han kommer så langt som til massegraven, støter han på de utallige figurene som til sammen utgjør Dusjerne: «Låvegolvet krydde av folk innetter så langt lykta kunne se. [...] Alle var vendt mot meg. Som på vakt. For å verge noe jeg ikke måtte komme til» (647). Slik fremstilles kunstverket som uadskillelig fra forbrytelsen, fra overgrepet. Novellen hevder ikke at kunsten i seg selv er et overgrep, men den går langt i å antyde at kunsten så å si kan forbryte seg mot virkeligheten – og at dette er en akutt problemstilling når det gjelder skildringen av det tredje rikets dødsleire. På én måte er denne problematikken en variant av det klassiske uutsigelighetstoposet: Litteraturen eller kunsten vil aldri kunne formulere seg på så sammensatt vis at den øver virkeligheten rettferdighet. Men i dette tilfellet dreier det seg aller mest om en bekymring for at kunstneriske fremstillinger av dødsleirene vil kunne påvirke og forandre vår forestilling om at de faktisk fantes, en bekymring for at den lidelsen som var reell for millioner av mennesker, ikke skal bli annet enn en fiksjon for oss – og dét er et uløselig dilemma. For «Vi vet så mye» mener jo ikke at kunsten skal la være å skildre disse forbrytelsene. Nei, om det er noe novellen vet, så er det at den *må* skrives – men den oser av fortellerens forakt for egen tekst. Denne forakten springer gjennomgående ut av fortellerens frykt for at hans egne beskrivelser skal ende opp med å bli estetiserende, forskjønnende.

Fortellerens ambivalente forhold til alt han skriver, kommer dels til uttrykk gjennom en generell vakling mellom å utbrodere vilt og tie fullstendig, og dels gjennom den omsvøpsløse kritikken av en romantisk og forskjønnende retorikk det sakte, men

sikkert skal vise seg at heller ikke han selv er i stand til å unn-
slippe. Når det gjelder vaklingen mellom å tie og tale, utgjør
den selve novellens komposisjonsprinsipp. Fortelleren holder
konsekvent kortene tett til brystet, og det er den langsomme
utporsjoneringen av opplysninger som sørger for at spenningen
rundt hva som har foregått på naboens låve, kan ivaretas gjen-
nom hele novellen. Men denne vaklingen tematiseres også mer
direkte i forbindelse med utryddelsesleirene. På en av novellens
første sider kan man lese:

> Den kristne barnetroen min forkynte at de jødene som ble gas-
> set og kremert i Birkenau, stupte rett i helvete der de skulle
> stekes på spidd over åpen svovelild i evigheters evighet. Kjødets
> oppstandelse sikret at de fikk med seg de uttærte kroppene sine
> så pinen ble fysisk og fullstendig. Søndagsskolen min var en
> skole for både døden og livet. For både Holocaust og Inferno.
> De jødiske sjelene flagret som sotsvarte Fugl Fønix-er like fra
> krematorieasken og rett opp i pipa, og så raslet de vingeløst
> like lukt ned i helvetes evige ild. Jeg frøs ved søndagsskolens
> rødglødende kakkelovn i kalde vintermorgener. (598)

Novellen som helhet er full av overdrivelser, forvrengninger
og feilinformasjon, men dette utspillet fremstår som så outrert
at det er vanskelig å ta det helt alvorlig. Men det synet for-
telleren maner fram, har en pendant mot slutten av novellen,
og denne passasjen tvinger en et stykke på vei til å revurdere
betydningen av de rabiate utbroderingene. Bare noen få dager
før pågripelsen av naboen, får leseren høre om følgende syn:

> Jeg satt på traktoren en ettermiddag ved solefall og så dette:
> Fykende flak som når man brenner en haug manuskripter i his-
> sig blåst og sotete ark virvler til værs og skjener på vinden. Ja,

121

slik så jeg det første gang: Et dryss av svarte flak over låven der oppe. Så svarte at de tonte over i metallisk blått som anløpent stål. Sola slo gnister av det ravnsvarte. (640)

Har man lest den første passasjen, vet man at også den andre forteller historien om hvordan jøder ble gasset og kremert – men uten å fortelle den. Mens den ene passasjen forteller historien på en svært utbroderende og fullstendig utroverdig måte, tier den andre om det aller meste. Som stilistiske ytterpunkter sier de en god del om fortellerens ambivalens til egen fremstilling, en ambivalens som ellers kommer til uttrykk på nærmest invertert vis – gjennom refleksjonene rundt naboens kunstneriske prosjekter.

Hva er det så man får vite om Dusjerne, annet enn at de består av over 100 menneskehøye terrakottafigurer, og at de fleste forestiller naboens besteforeldre? Naboen selv insisterer på at han jobber med levende modeller, men besteforeldrene har han jo aldri møtt, og det kommer relativt tidlig fram at keramikkfigurene er modellert på grunnlag av «et falmet fotografi fra 1930-årene» (600). Som for ytterligere å understreke avstanden mellom Dusjerne, eller kunsten, og den verden den avbilder, ja, kunstens skjær av uvirkelighet, får man videre vite at han skal ha fått ideen til prosjektet etter å ha lest en artikkel om Qin Shi Huangdi, den første keiseren som styrte et samlet Kina. I forsøket på å skape et nytt Kina lot han, i sterk kontrast til karakterene i «Vi vet så mye», simpelthen fortiden gå opp i flammer – alle bøker som var skrevet før hans regjeringstid, ble beordret brent – men for ettertiden er han mest kjent for byggingen av Den kinesiske mur og for det enorme gravmælet han lot reise for seg. Da mausoleet sto ferdig etter 36 år, bygget av tusenvis av mennesker i tvangsarbeid, dekket det til sammen 54 kvadratkilometer; rundt graven sto en hær på

8000 terrakottasoldater. Denne hæren skulle angivelig «verge keiseren mot hans siste fiende, som også var hans mektigste og farligste: døden» (612). Og det er som et dødsvern naboen tenker seg at Dusjerne skal fungere, og denne forestillingen ligger igjen til grunn for det kunstsynet han mer generelt forfekter:

Dusjerne skulle ikke bare bli hans livsverk, men de skulle også i all ettertid bli stående som hans dødsvern. Kunsten var udødelig. Dusjerne var hans evige liv. Ja, denslags hadde han tunge til å si. Ofte når jeg hørte hvilken parfymert skitt munnen hans kunne avføre seg, lurte jeg på om skallen inneholdt hjernevindinger eller tarmer. (603)

Fortelleren kan godt spare seg for naboens metabetraktninger, og til tross for at han knapt nok utdyper hvorfor, forstår man at han opplever forestillinger av denne typen som romantiserende og forskjønnende. I den grad han selv formulerer en poetikk, er den – i utgangspunktet – av et helt annet slag. «Jeg skal skrive om noe jævlig,» hevder han tidlig i novellen (597), før han, i ordelag som minner bemerkelsesverdig om det fortelleren i «Skjelettet og anatomiboka» benyttet seg av i utlegningen om landets Wergeland-forskere, anfører følgende om forfatterstanden mer generelt:

Forfatteryrket er det råeste og sjofleste yrke jeg kjenner til. Det er et vampyryrke som krever at man nærer seg av sitt eget og andres blod. Forfattere bedriver incest med sin barndom og nekrofili med sine likbleke blodsugerofre. Moralsk og etisk vil jeg sidestille forfattere med pedofile og kadaverknullere. (619)

Men til tross for de åpenbare forsøkene på å unngå enhver form for forskjønning av virkeligheten – det grove vokabula-

123

ret sier sitt om dette: «jævlig», «kadaverknullere», «parfymert skitt», og så videre – klarer heller ikke fortelleren å styre helt unna et romantiserende språk. Gjennom fortellerens beskrivelser forbindes naboen med et forskjønnende kunstsyn, og denne koblingen forsterkes ytterligere av en opplysning fortelleren aldri kommenterer nærmere, men som påkaller leserens oppmerksomhet. For det er ennå ikke Dusjerne naboen – som kunstner – er mest kjent for (disse figurene skal jo først bli utstilt om et halvt år), men en bestemt form for blomstervaser. Fortelleren kan opplyse om at naboen, kvelden før pågripelsen, avsluttet arbeidsdagen med å «sette inn i brennovnen noen av sine etter hvert så kjente sløkjevaser» (600). Blomstermotivet er, i hvert fall siden romantikken, blitt stående som selve sinnbildet på forskjønnende kunst, og ble, som den engelske litteraturforskeren M.M. Mahood påpeker, så å si maltraktert i løpet det voldelige tjuende århundret (Mahood 2008: 227). Men i fortellerens egen tekst vrimler det av blomstermetaforer. For bare å nevne noen få eksempler: «Og langt om lenge så jeg ansiktet hans sakte vokse fram fra mørket innenfor [...], rimhvitt som en frostrose» (591–592); «Da ser vi ham i soveromsvinduet. Ansiktet hans. Frosset fast som en rimblomst på glasset» (596); «Blodflekkene på veien som dessverre ligner på røde roser» (598); «Vi stanset ved det første epletreet og ble stående og vente til frostroseansiktet sprang ut på soverommet under takskjegget» (613); «I går så jeg at grannens ansikt sprang ut som en rimblomst på den brønnsvarte vindusruta oppunder gavlen» (633); «Det råtnende kjøttet luktet søtlig som tung roseduft» (641); «Hvert slag jeg fikk inn, merket ham med mitt blod. Den lysegrønne skjorta hans kom snart til å ligne et maleri av en blomstereng» (643). Den retorikken fortelleren avskyr naboen for, er en retorikk han selv er fanget i.

Og dét synes fortelleren selv å være klar over. «Blodflekkene

på veien som dessverre ligner på røde roser,» hevder fortelleren
– og minner en slik også om at alt alltid blir noe annet idet det
språkliggjøres. At språket aldri er komplekst nok til fullt ut å
ivareta virkelighetens nyanser; at selv når det gjelder død, vold
og lidelse, må man – på et eller annet nivå – ty til det samme
språket, de samme ordene, som hvis man skulle ha skildret de
vakreste, eller, for den saks skyld, de mest hverdagslige ting.
Virkeligheten er alltid virkelig, kunsten alltid kunst – og så
lenge lidelsen skildres litterært, har man uvilkårlig å gjøre med
en eller annen form for estetisering, i den enkle betydning at
noe som i utgangspunktet ikke er kunst, gjøres til kunst. Det i
seg selv er ikke nødvendigvis problematisk, men det er et stort
ansvar for kunstneren å bære. Adorno hevder i essayet «Enga-
gement» – som et svar på Sartres krav om en engasjert litteratur
i kjølvannet av krigen – at etterkrigssituasjonen tvert imot kre-
ver at det fortsatt eksisterer en kunst som forbyr lidelsen, et
utsagn som jo er beslektet med den berømte påstanden om at
det ikke går an å skrive dikt etter Auschwitz. Men det er ikke
hva kunsten skildrer, Adorno er mest opptatt av, men hvor-
dan den gjør det; poenget er ikke at kunsten skal gi avkall på å
skildre lidelsen – eller som han et sted formulerer det: «Over-
målet av reelle lidelser tåler ingen glemsel» – men at kunsten,
i sin form, må motstå, og ikke gjenspeile, eller la seg invadere
av, den verden som er i stand til å frembringe lidelsene. Ifølge
Adorno er det bare i den innadvendte, ikke-engasjerte, kunsten
at lidelsen kan finne sin egen stemme eller en «trøst, som ikke
straks ville forråde den» – for den totale avvisning av verden
vil snu om i sin motsetning. I siste instans er også avvisningen
av verden et utsagn om den (Adorno 1972: 117). Det ville være
en overdrivelse å hevde at Adorno opererer med en oppskrift
på hvordan kunsten og litteraturen skal kunne nærme seg de
umulige temaene, men han går langt i å peke ut den riktige,

og for ham eneste, retningen: En engasjert litteratur kan først realiseres idet den oppgis.

Herbjørnsruds novelle er nok ikke så interessert i å forlate sitt tema på den måten Adorno foreskriver, men den har en tendens til å undergrave seg selv – som om den hele tiden stiller spørsmål ved sin egen rett til å bli skrevet. «Det er umulig å gå her og være granne til lidelsen,» raser fortelleren mot naboen, i samtalen om hva som foregår på låven (601) – og spør samtidig: Hvilken rett har jeg til å fortelle om den lidelsen mitt hell, og mine livsvilkår, har latt meg unnslippe? Og, mer overordnet: Hvordan skal man dypest sett forholde seg til den lidelsen som ikke direkte rammer en selv, den man alltid står på utsiden av – som lesere, betraktere, ja, som naboer? Men novellen avviser ikke seg selv som *helt* forgjeves. Fortelleren hevder et sted om naboen: «Grannen tidde og grep om kaffekoppen med begge hender, hardt som han ville kryste en dråpe mening ut av det tørre kruset» (611). Og kanskje er dét også hva Herbjørnsruds novelle har satt seg fore: Å gjøre sitt for å presse en mening ut av det meningsløse. Riktignok tror jeg man skal være forsiktig med å lese altfor mange forsonende elementer inn i denne novellen – det er en grunn til at den innledes og avsluttes i mørket – men om man stirrer for lenge inn i dette mørket, er det lett å glemme at «Vi vet så mye» også rommer en scene som gir leseren et glimt av noe annet. Håp? Ikke akkurat, men en antydning om at selv i en verden som virker mer og mer fremmed, mer og mer fiendtlig, kan forståelsesfulle møter mellom enkeltmennesker finne sted. Jeg tenker igjen på hendelsene i skogen, den natten fortelleren finner naboen i brønnen, og på fortellerens forsøk på å beskrive det han ser, ansiktet som møter ham – seks fot under all fornuft:

Og like etter kunne alle disse ulike uttrykkene hans flimre over i hverandre og blandes slik at jeg hadde en fornemmelse av at jeg kunne se alle verdens ansikter i dette ene ansiktet, og av at jeg til slutt så mitt eget ansikt og møtte mitt eget blikk... (631)

Jeg har tidligere kommentert det religiøse aspektet ved passasjen. Man kunne naturligvis også hevde at fortelleren her like mye formulerer en sekulær lære. En lære som ganske enkelt har med viktigheten av gjenkjennelse å gjøre: Jeg ser alle i den som lider, det kunne vært meg. Det ville ikke vært en helt urimelig lesning, novellens religionskritiske impuls tatt i betraktning. Men det ville være å underslå denne tankens utspring i jødisk-kristen lære, og passasjen har, med sin vektlegging av den annens ansikt, gjenklang i betraktningene til en av 1900-tallets mest kjente religiøse filosofer, nemlig Emmanuel Levinas. «Er det så sikkert,» spør Levinas som del av et større oppgjør med den moderne vestlige filosofiens innstendige kretsing rundt det filosofiske jeg:

... at denne setning av Rimbaud, *Je est un autre*, bare betyr endring, fremmedgjøring, selvbedrag, fremmedhet overfor selvet og underkastelse under dette fremmede? Er det så sikkert at denne aller ydmykeste erfaring hos *ham som setter seg i den Annens sted* – dvs. som anklager seg for hva den annen lider av ondt og smerte – at denne erfaring ikke allerede skulle være besjelet av den dypeste mening som stadfester at «Jeg er en Annen»? (Levinas 2004: 104)

Og han fortsetter: «Ingen kan forbli i seg selv, menneskets menneskelighet, subjektiviteten, er ansvar for de andre, en ytterste sårbarhet» (110).

«Vi vet så mye» handler da heller ikke bare om to personer

127

som er fanget i fortiden – den handler like mye om oss mennes-
ker i dag: om hvordan vi skal leve med historien, og hvordan
vi skal leve med hverandre. Å glemme fortiden er verken mulig
eller ønskelig, men å leve den om igjen gir heller ingen trøst,
ingen utsikter om forsoning. En god del av Herbjørnsruds
noveller handler på en eller annen måte om nødvendigheten
av å se seg selv og sin egen tid i en større historisk sammen-
heng – enten historien fremstår som et mareritt, som i «Vi vet
så mye», eller som et potensielt fellesskap, som i «På Gamle-
tun i Europa». Men lærer vi av historien? Dét synes de fleste
novellene å være i langt større tvil om.

GJEMT OG GLEMT UNDER MOLD

O, sena tiders barn! Jag har ingenting nytt att berätta er,
endast det, som är gammalt och nästan glömt.

(Lagerlöf 1961: 154)

Den første meditasjonen i barokkdikteren John Donnes *Devotions upon Emergent Occasions* avsluttes med et ulykkelig utbrudd: «O miserable condition of Man» (Donne 1987: 100). 22 meditasjoner følger, og temaet forblir det samme: menneskets brutale livsbetingelser. Refleksjonene ble nedtegnet mens Donne selv var sengeliggende, rammet av en alvorlig sykdom han ikke trodde han ville overleve, og hver av tekstene i samlingen forteller, eksplisitt eller implisitt, om denne tilstanden. Det er alle tings forgjengelighet Donne fortviler over, og det er tanken på egen død han ikke kan forsone seg med. Ja, selv i sin formelle stringens nærmest skriker disse meditasjonene ut om det, for Donne, fullkomment uakseptable ved døden. Og om det upålitelige ved livet: «Variable, and therefore miserable condition of Man; this minute I was well, and am ill, this minute» (99). Utgangspunktet for den lille tekstsamlingen er opplevelsen av fysisk forfall, av at egen kropp ikke lenger henger sammen, og det er også denne opplevelsen som gir meditasjonene form. Det er en viss tradisjon for å omtale Donnes diktning som *sentripetal* (se eksempelvis Rhodes 1987: 14), og det man da sikter til, er diktenes komplekse korrespondansesystemer: de utallige

129

forbindelseslinjene mellom mennesket og verden utenfor, ana-
logiene mellom et mikrokosmos og et makrokosmos. Denne
hangen til å skape sammenheng, til å forene en kaotisk ver-
den i ett punkt – menneskets bevissthet – er karakteristisk for
renessanse- og barokkdikterne, og i *Devotions upon Emergent
Occasions* har denne intellektuelle anstrengelsen et konkret for-
mål: å motvirke den kroppslige oppløsningen, eller i det minste
skape en mening ut av den. «[T]he whole world hath nothing,
to which something in man doth not answere,» skriver Donne i
den fjerde meditasjonen – og lister opp: elvene er som blodårer,
steinene som knokler, åskammene som muskler – før han leg-
ger til at mennesket er uendelig mer komplekst enn den verden
som omgir det: «man [hath] many pieces, of which the whole
world hath no representation» (104–105). Likefullt fortsetter
Donne, også i de påfølgende meditasjonene, å utvikle dette
nettverket av analogier. Omtrent midtveis finner man den for
ettertiden vel mest berømte anføringen:

> No man is an *Iland*, intire of itselfe; every man is a peece of the
> *Continent*, a part of the *maine*; if a *Clod* bee washed away by
> the *Sea*, *Europe* is the lesse, as well as if a *Promontorie* were, as
> well as if a *Mannor* of thy *friends*, or of *thine owne* were; Any
> Mans *death* diminishes *me*, because I am involved in *Mankinde*;
> And therefore never send to know for whom the *bell* tolls; it
> tolls for *thee*. (126)

Passasjen fremstår umiddelbart som en bejaelse, som en opti-
mistisk feiring av det menneskelige fellesskap – en konstatering
av at vi alle er del av noe større, og at det derfor ikke er noen
grunn til at vi skal føle oss alene. Men hvor henter Donne ter-
minologien fra? Hva er det som gjør at han skriver det han
skriver? Er ikke det nettopp isolasjonen, tungsinnet, frykten

for ensomhet? Heller enn å være en bekreftelse på menneskets sameksistens, kan utbruddet forstås som et forsøk på å protestere mot det som – fra sykesengen – allerede oppleves som et ufravikelig faktum: At hvert menneske *er* en øy, at vi dør like ensomme som vi har levd. «This is *Natures nest of Boxes*,» skriver Donne et annet sted, «The Heavens containe the *Earth*, the *Earth*, *Cities*, *Cities*, *Men*. And all these are *Concentrique*; the common *center* to them all, is *decay*, *ruine*» (114). Uansett hvor mange forbindelseslinjer han kommer opp med, uansett hvilken verden av sammenheng han klarer å etablere, vil alt til syvende og sist være forgjeves, fordi mennesket, som skaper og opprettholder dette konsentriske universet, før eller siden vil forlate verden. Det er først og fremst vissheten om dette – at vi alle skal dø, og at når vi dør, forsvinner alt med oss: alt vi har tenkt, følt, lurt på, lengtet etter – som gjør Donne til en dikter av den sorte gallens temperament, og *Devotions upon Emergent Occasions* til en tekst gjennomsyret av melankoli. Og melankolien bidrar sterkt til å gjøre teksten til et tidstypisk uttrykk. «Did I infuse, did I drinke in *Melancholy* into my selfe?,» spør Donne (118), og stiller et spørsmål de fleste av barokkens kunstnere kunne ha stilt. For gjennomgangsmotivene i barokkens ulike kunstuttrykk *er* jo de man forbinder med melankolien: tristhet, meningsløshet, tungsinn, tomhet, tretthet, opptatthet av døden og frykt for det forgjengelige.

Dette er også noe av grunnen til at Herbjørnsrud kan hevde at han «føler seg i slekt med det [barokke] prosjektet» (Holbye m.fl. 2002: 18). Novellene befolkes gjennomgående av karakterer som er for melankolikere å regne – forfatterskapets første novelle, «Kåre Rom», dir., 46», kan igjen fremheves som symptomatisk, for varsler ikke den lille sønnens navn, Tom Rom, om den tomheten så mange av karakterene siden skal komme til å bære på? – men Herbjørnsruds interesse for barokken kan også spores på andre måter. *Barokk* er en betegnelse som med jevne mellomrom brukes om hans egen diktning. Mens Donnes tekster omtales som sentripetale, beskrives Herbjørnsruds noveller, av både Frode Helland og Kjell Ivar Skjerdingstad, som *sentrifugale* (Helland 1999: 147 og Skjerdingstad 2010: 276). Det er den ekspanderende, utbroderende og desentrerende formen de to har i tankene – det viltvoksende billedspråket, men også de utallige handlingstrådene – og det er den samme formen som får andre, eksempelvis Unni Solberg, til å betegne skrivestilen som «en ordrik, nesten barokk diktning, [der] ornamentale og kontrastfylte og fantasieggende bilder følger på hverandre, og utallige litterære figurasjoner kombineres med ordspill og lek» (Solberg 2007: 9–10). Like viktig er imidlertid forfatterskapets mange referanser til barokken som epoke. Det varierer en god del i hvilken grad barokkreferansene innvirker på helhetsforståelsen av novellene, men som leser kan man ikke unngå å legge merke til hvor lett det faller fortellerne å knytte an til perioden. «Dvergmål», som jeg omtalte innledningsvis i kapitlet om «Skjelettet og anatomiboka», handler i lange partier om Newton og Shakespeare, om vitenskapens fremvekst og det moderne menneskets fødsel. Handlingen i *Blinddøra*s tittelnovelle kretser rundt en igjenlåst blinddør, som fortelleren innledningsvis omtaler som en «barokkpreget furutredør». I «Hallgrim Flatin 1966» skriver Hallgrim Flatin, i et av brevene til Njål Beinset, om den omreisende svenske maleren Pär Olov Lind, som på slutten av 1800-tallet malte et bilde av gårdens uppstugo, slik han så den gjennom det «svikefulle» speilet på veggen (398) – et motiv man jo i særlig grad kjenner fra den barokke billedkunsten.

Barokkens kjernemotiver står også sentralt i den novellen dette kapitlet i all hovedsak skal handle om – «På Gamletun i Europa» – der fortelleren dessuten avslører en særegen

132

bevissthet rundt forbindelsen mellom litterære virkemidler og historiske og kontekstuelle forhold:

> 1600-tallet er den dunkle epoken mellom renessansens pågående og selvbevisste tidsfølelse og 1700-tallets og opplysningstidens nye utviklingsbegrep. Vi er i det århundret da det europeiske mennesket blir klar over sin egen frysende ensomhet [...]. Den hittil så guddommelige verdensordning krenger og kantrer. Tiden går av hengslene. Individet sperres inne i øyeblikket eller i erindringen og blir tidens og forgjengelighetens offer. [...] I diktene [til 1600-tallets barokkpoeter] betyr ordet historie det samme som forfall og oppløsning, livet lignes med en skimrende såpeboble som brister, fortiden blir en vakker drøm, framtiden noe illevarslende og øyeblikket en åpen grav. (320)

Motivene fortelleren ramser opp, er alle varianter av det såkalte *vanitas*-motivet, et motiv man også finner igjen i Herbjørnsruds eget forfatterskap. For Herbjørnsruds noveller kretser ikke bare til stadighet rundt tidens forgjengelighet og dødens konstante nærvær – de utforsker gjerne disse problemstillingene gjennom en flittig bruk av barokkens mest kjente rekvisitter: hodeskallen, skjelettet, såpeboblen, timeglasset, speilet, fjæren, det tomme skjellet. Hallgrim Flatin hevder et sted at «[n]år eg ser meg i ein spegel, brest eg som ei såpebuble» (398), mens Grete i «Grete, 17» oppsummerer sitt unge liv slik: «Jeg tror jeg har vært stengt inne i et øyeblikk i alle de åra vi har bodd på Jevnaker og pappa har stått på Glassverket og blåst såpebobler» (25). Og i novellen «Avtrykk» handler det om Martin Sønstebø som, med fortellerens ord, har flyttet inn i et såpeboblehus. Huset er tegnet av kjæresten og glassarkitekten Åshild Helle, og har form som en rund glasskule. Av fortelleren får man høre at glassarkitektene betegner seg som rasjonalister, og at de anser glassarkitekturen som en ideologisk motvekt til «New Age og de irrasjonelle strømninger som grumser til vår forstand og skipler våre følelser nå under fin de siècle» (484). Glasshusene er tenkt å skulle gjenspeile en klar og opplyst tankeverden, men fordi de kan være «usynlige for det blotte øyet», stiller de nødvendigvis også spørsmålstegn ved synssansens troverdighet (483). Om bygningen som huser maleriene til 1600-tallsmaleren Adrian Brouwer heter det: «Ikke bare selve museumsbygningen, men også alt dens håndgripelige inventar, unntatt maleriene, er som tryllet bort fra den sansbare virkelighet. [...] Handa kan røre den, men øyet kan ikke oppfatte den. Museet finnes og finnes ikke» (485). Brouwer er kjent for sine bilder av hollandsk kroliv, og kan ikke sies å ha vært nevneverdig opptatt av den synsbedragproblematikken museet reiser. Men spørsmålet om hvorvidt det man ser og sanser, er virkelig eller ikke, var et sentralt anliggende for Brouwers samtidige, ikke minst for den moderne filosofiens grunnlegger, Descartes, som jo lar mistilliten til sanselige erfaringer danne utgangspuktet for sin radikale skeptisisme. Opptattheten av denne problemstillingen kan tolkes som et uttrykk for tidens vitenskapelige ånd, og for den generelle usikkerhetsfølelsen som fulgte i kjølvannet av konflikten mellom den religiøse og vitenskapelige verdensorden – eller med Herbjørnsruds forteller: mellom irrasjonelle og rasjonelle tankestrømninger. Tanken om at noe i det ene øyeblikket kan finnes, og i det neste ikke, er beslektet med vanitas-problematikken, og det er også denne koblingen fortelleren i «Avtrykk» er opptatt av. Og han gjør stadig leseren oppmerksom på den – som her, gjennom såpeboblemetaforen: «Om dagen var huset [til Åshild] usynlig, som visket ut av virkeligheten, forduftet, svøpt inn i en tykk usynlighetskappe, bristet som en såpeboble» (486).

Herbjørnsrud fremhever i det hele tatt barokken og den moderne tids begynnelse som en nøkkel til å forstå vår egen tid – om enn på en mindre systematisk og gjennomført måte enn den man for eksempel ser i Kjartan Fløgstads *Kron og mynt*, der Fløgstad lar Tjerand Fonn, en av bokas hovedpersoner, se sammenhengen mellom barokkunstens sammenbrudd, på slutten av 1600-tallet, og innføringen av det politiske eneveldet, og også skissere et tilsvarende scenario i hans egen postmoderne tid: «På same vis spurde Tjerand Fonn om modernismens kunstnarlege samanbrot innevarslar eit nytt, opplyst einevelde som styreform i ettermoderne tidsalder, med Brussel som naturleg hovudstad» (Fløgstad 1998: 133). I Herbjørnsruds noveller blir forbindelsen, eller likhetene, mellom de to periodene mer antydet enn direkte påpekt – ja, i mange tilfeller knapt nok det. For selv om disse novellene går langt i å invitere leseren til å se parallellene, rommer de også elementer som motsetter seg en slik analogitenkning – eller bare ikke nødvendigvis støtter opp under den. Sigurd Tenningen oppsummerer denne skrivestilen presist, når han et sted hevder – med utgangspunkt i lesningen av en sentral passasje i «Avtrykk» – at Herbjørnsrud skriver «uoppklarte fortellinger som krever oppklaring; haltende allegorier; lignelser som ikke ligner noe» (Tenningen 2006: 72). Det samme kunne man i og for seg også hevde om»Skjelettet og anatomiboka», der et av de sentrale spørsmålene jo er hvordan man skal forstå diktet «Cain og Abel»: som allegori på Wergelands forfatterskap, som en beretning om det tjuende århundrets katastrofer, eller simpelthen som et dikt Wergeland kanskje, eller kanskje ikke, skrev? I hvert av tilfellene passer lesningen *nesten* med opplysningene teksten gir, men ikke helt.

Dette mellomrommet, om man kan omtale det slik, er i seg selv betydningsfullt, all den tid det jo bidrar til å skape det tolkningsmangfoldet – den usikkerheten og forvirringen – Herbjørnsruds noveller nærer seg av. Men det er også mye å hente på å følge de tolkningssporene novellene tross alt etablerer. Historisk sett relaterer Herbjørnsruds fortellinger seg til det tjuende århundrets (voldelige) hendelser, men de ulike fortellerne går ofte, bevisst eller ubevisst, veien om andre historiske epoker for å belyse den virkeligheten de selv er en del av. Dette perspektivet åpner blant annet for en utforskning av novellenes historieforståelse. Jeg var så vidt inne på dette spørsmålet i forbindelse med lesningen av «Vi vet så mye». Når karakterene i denne novellen gang på gang befinner seg i situasjoner som har sin parallell i fortiden, og dermed, i en viss forstand, gjentar historien, kan hendelsene forstås som et forsøk på å overskride og redefinere historien, og som en kritikk av en bestemt historieforståelse, nemlig historismen. Denne kritikken er ikke like påfallende i «På Gamletun i Europa», som i mange henseender er en mildere og mindre dyster tekst, og som, med sine knappe tolv sider mot de nesten hundre som utgjør «Vi vet så mye», har et helt annet anslag. Like fullt må novellen sies å være opptatt av de samme problemstillingene. Dette kommer dels til uttrykk gjennom en undring over hvordan – og hvorvidt – vi kan få tilgang til historien, og dels gjennom en problematisering av hva, eller rettere: hvilken tid, en historisk rekonstruksjon til syvende og sist forteller mest om. «På Gamletun i Europa» vektlegger i alle fall, som få andre av Herbjørnsruds noveller, viktigheten av å kunne se seg selv og sin egen tid i en større historisk sammenheng. Ja, i dette tilfellet synes fortelleren å oppleve historiens gang som lindrende. For det tungsinnet som preger barokkpoetenes dikt, og som fortelleren avslutningsvis foredrar for leseren om, er et tungsinn han selv frykter – slik opplevelsen av å være sperret inne i øyeblikket, i erindringen, er en opplevelse han selv rømmer fra.

136

Som kaldt stjerneglitter

«På Gamletun i Europa» er en novelle om den nye tids begynnelse, om overgangen mellom den gamle og den nye verden og, mer indirekte, om berøringspunktene mellom dette Europa og fortellerens Europa. Men utgangspunktet er et annet. Novellen innledes en aprilmorgen 1991: Fortelleren er ute på åkeren og gjør våronn, men må stanse opp i arbeidet fordi harva støter borti noe som ligner på to gamle laftesteiner, men som ved nærmere øyesyn ser ut til å være to hodeskaller. Hvem de har tilhørt, vet han ikke sikkert, men han forestiller seg at han har funnet levningene av Blinde-Margjit og Kloke Ragnhild, to kvinner som skal ha bodd på gården første halvdel av 1600-tallet. For å børste vekk jorda som dekker hodeskallene, slår han dem mot hverandre, og smellene minner ham brått om takten i en bortglemt folkevise. «Og det var Augemannen / som etter synet sitt leitar,» hører fortelleren seg selv synge, men idet han forsøker å mane fram resten av visa, som han tenker seg må være Blinde-Margjits, overmannes han, på eventyrlig vis, av en spiralvind som rister ham så grundig at hans vante tidsopplevelse forstyrres. Våronna og det tjuende århundret forsvinner som dugg for solen, og fram vokser verden slik den kan ha sett ut på Blinde-Margjits tid.

Blinde-Margjit er en av de få sentrale kvinneskikkelsene i Herbjørnsruds forfatterskap.[*] Så vidt leseren forstår, har hun

---

[*] Det finnes riktignok kvinnelige karakterer i de aller fleste av Herbjørnsruds noveller, men universet slår en like fullt som utpreget maskulint. Foruten Blinde-Margjit teller man bare fem kvinnelige hovedpersoner i forfatterskapets 29 noveller: Grete i nevnte «Grete, 17», Inga Helen Gulsvik i «Svev», Susan i «Jomfruen», Anna i «Gjesterommet, 1966» og Sara i «Sara, 1993». I tillegg kunne man kanskje også nevne Kari i debutsamlingens «Johannes Hauge, 63 år, bonde», men i denne novellen er det vel til syvende og sist faren, Johannes Hauge, det handler mest om.

137

vært en faktisk person, men for ettertiden har hun blitt en sagn-skikkelse. Alle som er vokst opp på gården etter henne, har hørt om de dramatiske hendelsene under storflommen i 1560-årene, og om visa hun brukte resten av livet sitt på å snekre sammen. Den gang, og helt fram til 1864, lå tunet og gårdshusene der jordet ligger i dag, på selve «kjellergolvet i dalen» (311). For-telleren kan berette at denne beliggenheten var særlig utsatt for flom og oversvømmelser, og da vannmassene velter inn over tunet denne vårdagen midt på 1500-tallet, må 17-årige Margjit, som er den eneste gjenlevende på gården, søke tilflukt i toppen av asken på tunet. Etter et døgn i treet skal hun ifølge sagnet ha oppdaget en mann på en laftestokk som kommer drivende forbi, men de to rekker ikke annet enn så vidt å veksle blikk før stokken kastes videre med strømmen. Dét er alt som skal til for at Margjit fullstendig forvandles: Før møtet med mannen på laftestokken, som siden skulle få navnet Augemannen, var Margjit offer for «forestillingene om den onde hug og det onde øye» (318). Mens moren var kjent for å drive sykdom og ond-skap *ut* av folk, mente man at Margjit spredte ulykke, fordi hun hadde sett for mye uhyggelig som liten. Møtet under flommen forandrer på alt dette: Fra å ha hatt «ormeøyne og eiterhug» blir hun «godøyd og mildsinnet», og fra å være avskydd og utstøtt blir hun godtatt av alle (318). Det er denne forvandlin-gen og dette møtet som skal komme til å danne utgangspunktet for visa, som hun først gjør ferdig i sitt dødsår, 1616. Men visa, som ikke har overlevd, forteller angivelig også om et andre møte mellom de to, et møte som ender med at Augemannen, som ble blind etter det første, får synet sitt tilbake, mens Margjit mister sitt, og får tilnavnet ettertiden kjenner henne under.

Enhver forvandling kan forstås som et tegn på at ingenting varer, og ifølge fortelleren diskuterer visa det samme temaet som opptok Blinde-Margjits samtidige i Europa – «tidens og forgjengelighetens problem» (320). Selve forvandlingsmotivet er da også et typisk barokt motiv. Margjits to forvandlinger skjer tidsmessig parallelt med at et helt verdensbilde endres. Fortelleren sier ingenting eksplisitt om koblingen mellom disse to forvandlingsprosessene, dette til tross for at han senere i novellen, over en hel side, forklarer visas tidstematikk på bakgrunn av den europeiske kulturutviklingen. Men billedbruk og karaktertegninger lar en forstå at Margjits forvandling speiler de omveltningene ettertiden har oppsummert som den vitenskapelige revolusjon. Som «klok kone» for bygda fremstår moren som en representant for den gamle verden, der man fortsatt satte sin lit til overnaturlige forklaringsmodeller som den legende kraften til salver av «flaggermusblod, barnefett, bevergjel, liksvette, ørevoks fra jomfruer, svennesæd [og] varulvspytt» (315). At dette er en verden som er i ferd med å falle fra hverandre, understrekes av at moren blir begravd ved sagnets innledning, og av at flommen som velter gjennom dalen, radikalt forandrer den vante virkeligheten: «Asketreet løftet bare krona over flomvannet og lignet et buskas. Rogna ved fjøset stakk opp som en soplime. Over årestua putret og boblet vann som i en kokende gryte» (314). Videre beskrives gjennomgående Margjits forvandlinger med henvisning til universet og himmellegemer. Et sted står det å lese: «Hun gikk i knas og strødde ut seg selv som kaldt stjerneglitter over himmelhvelvingen». Og et annet sted: «Det var som om hun hadde vært bergtatt i alle år og nå for første gang kom ut i sollyset» (319).

Fortelleren går langt i å etablere ikke bare verdensbildekonflikten, men også de mer konkrete samfunnsmessige omveltningene som en viktig kontekst for Blinde-Margjits vise. Det første han opplyser om denne virkeligheten, er at den var preget av politisk og sosial urolighet: «Det er tidlig på

1600-tallet. Ute i Europa skal krigsgudene snart slippes løs og gå berserk i 30 år» (320). Utdypningene følger over en hel side, og et lite utvalg av adjektivene som blir tatt i bruk, sier sitt om fortellerens fortolkning av denne verden: ødslig, iskald, dunkel, truende. Om hans egen verden får man derimot vite lite, noe som kan slå en som underlig – for det er tross alt sitt eget jorde han finner steinhodene på. Men fortelleren gjør et poeng ut av å tidfeste novellen: Ikke én, men to ganger får man høre at historien foregår og skrives ned i april 1991. Slike tidfestinger er i seg selv en form for kontekstualisering. Som jeg påpekte i forrige kapittel, er det et viktig aspekt ved «Vi vet så mye» at handlingen foregår høsten og vinteren 1999, ved det tjuende århundrets slutt. I «På Gamletun i Europa» legger man også merke til at fortellerens interesse for andre historiske epoker er preget av en dobbelthet. På den ene siden forsøker han å fremstille en historisk periode, på den andre gir han uttrykk for vanskelighetene med, enn si umuligheten av, å få tilgang til historien. Novellen problematiserer selve den historiske rekonstruksjonen.

Novelle 1991

At Herbjørnsrud er en forfatter som er opptatt av tid, får man som leser en anelse om allerede i møte med flere av novellenes titler. Her kan tid tematiseres eksplisitt, som i «Mens tiden løper», eller mer indirekte i form av en tidfesting av tekstenes handling: «Drenering 1963», «Hallgrim Flatin 1966», «Gjesterommet 1966», «Sara, 1993». Også i selve novellene presiserer fortellerne gjerne når handlingen foregår, slik de også avslører når tekstene er nedskrevet. «Kåre Rom, dir., 46» skal være ført i pennen 2.–6. juni; «Johannes Hauge, 63 år, bonde» er nedtegnet 5. januar 1948; «Dubletter» er skrevet i perioden 4.–25. mai 1981; «Hallgrim Flatin 1966» i tidsrommet 15. august–3. desember 1966; «Kai Sandemo» dateres til 17. mai 1983; «Vi vet så mye» til 16. desember 1999 – og, altså, «På Gamletun i Europa» til en aprilkveld 1991. Om handlingen i «To ansikter. Tre stemmer» får man vite at den er lagt til 1975; «Vannbæreren» utspiller seg en augustkveld 1976; «Jens Helland» foregår i 1969; «Blinddøra» i 1991; «Avtrykk» i 1993; «Skjelettet og anatomiboka» blant annet i 1976 og 1979. Herbjørnsruds karakterer er nærmest manisk opptatte av klokker og tid. Bent Klyver har «en klokke å fikse [på hvert værelse]» (694), mens Thomas, fortelleren i «Dvergmål», vandrer hvileløst rundt i det tomme huset og teller ned til han skal møte kollegaen Ivar på Exit hotell klokka sju: 18.04, 18.22, 18.42, 18.47, 18.49, 18.52, 18.58. I «På Gamletun i Europa» er det er det flere enn Blinde-Margjit og hennes samtidige som er besatte av «tidens og forgjengelighetens problem» – jeg tenker på fortelleren. I den relativt korte teksten vrimler det av årstall og tidsangivelser: 1560-årene (storflommen), tidlig på 1600-tallet (30-årskrigen), 1616 (Blinde-Margjit dør), 1620-årene (husmannen Jon holdt til på gården), 1645 (manntallet for koppskatten), 1665 (matrikkelen og folketellingen), 1700-tallet (et nytt utviklingsbegrep), 1790 (visa forvitrer), 1864 (tunet flyttes), 1927 (ny storflom), 1991 (novellens nåtid). Fortelleren opplyser også om at telen har brukt 127 år på løfte fram steinhodene, at visa har ligget gjemt i 170 år, at sagnet om Blinde-Margjit har vært husket i 375 år og at visa levde i 180 år etter henne.

Men tid er også noe som manifesterer seg i landskapet som omgir Herbjørnsruds karakterer. Både kultur- og naturlandskapet i disse novellene fremstår som en stum refleksjon over tiden som går. «Garden er ein tidsmaskin som køyrer meg fram og attende mellom hundreåra,» hevder Hallgrim Flatin (375),

og har blant annet gårdens ulike bygninger i tankene: Hoved-
bygningen som ble satt opp i 1787, låven som er fra 1864 og
det lille kårhuset som ikke ble bygd før i 1893. Tilsvarende
er uppstugo på gården innredet på en måte som bærer preg
av ulike stilretninger, ulike tider: Salongstolene er nyrokokko,
mahognibuffeten i nyrenessansestil, på en hylle står «dei tre por-
selensgutane i rokokkodrakter,» på veggen henger et oljetrykk
der «ein raudleitt rubensengel vengde omkring mellom ljose
skydottar,» i taket henger en prismelysekrone, og til vinduene
er det festet «himmelblå rullegardine[r]» (398–399). Også for-
telleren i «Blinddøra» gjør leseren oppmerksom på at døra
handlingen kretser rundt, bærer på rester fra ulike århund-
rer: Låsemekanismen skal være «kjent helt fra 1600-tallet,»
stabelhengslene stammer fra «siste halvpart av 1700-tallet,»
og mahogniådringen fra slutten av 1800-tallet (433–434). Gitt at
man kan forutsette at Herbjørnsruds noveller stort sett utspiller
seg på den samme slektsgården, er det disse omgivelsene som
omgir fortelleren i «På Gamletun i Europa». Og det er gårdens
historie han i utgangspunktet setter seg fore å fortelle: hvem
som har bodd der, hvordan det kan ha sett ut, hvor husene har
stått, når de ble flyttet, og så videre. Men som den jordbru-
keren han er, er fortelleren i «På Gamletun i Europa» vel så
opptatt av hvordan naturlandskapet har endret seg med tiden.
Innledningsvis i novellen påpeker han at våtlendet omkring
gamletunet er «tørrlagt, planert og nydyrket,» og at kraftverks-
dammer har tøylet den store elva, mens den lille elva er blitt
kanalisert og nå «strekker seg [...] som en stram målesnor tvers
gjennom sine gamle meandersvinger» (311–312).

I Herbjørnsruds forfatterskap er det med andre ord ikke bare
slik at tidsangivelsene impliserer en kontekst – omgivelsene
gjenspeiler også tidens gang. Karakterene har et ambivalent for-
hold til tid. De kan være historisk orienterte, i den forstand at

142

de forsøker å forstå fortiden, men opplever å være innesperret i sin egen tid, ja, i øyeblikket. Det er en slik fornemmelse forteller i «Blinddøra» gir uttrykk for. «All tid var samme tid,» hevder han etter å ha stilt avdøde Valunds gamle klokke, og synkronisert Valunds tid med sin egen, men fortiden fremstår ikke desto mindre som en annen og til dels utilgjengelig verden: «Jeg la Valunds lommeur til øret og hørte en slåmaskin dypt nede i barndommen overdøve en grashoppe langt inne i kløverenga» (447). Når han litt senere blar gjennom bestefarens gamle almanakker, vektlegger han denne dobbeltheten i enda større grad, idet han omtaler fortiden som en «fossil livaktig død»:

Jeg satt på stabburstrappa og lot vinden bla som den ville i almanakkene mens jeg stirret ned i et gravmæle over det gamle bondelivet. Og det jeg så, var en form for fossil livaktig død, en størknet forsteinet lavaformasjon som på en og samme gang minnet om en tidløs gard, den stumme verden i en modernistisk roman der figurene er egenskaper ved tingene, og en arkeologisk utgraving av en steinalderboplass der det lå flintøkser, pilspisser, garnsøkker, fiskekroker og skår av leirekar. (450)

I «På Gamletun i Europa» tematiseres den samme dobbeltheten gjennom fortellerens opptatthet av forholdet mellom øyeblikk og varighet. «1600-tallets europeere blir berøvet følelsen av bestandighet og varighet,» anfører han – og utdyper dette ved å gå veien om barokkpoetene: «I diktene deres [...] [blir fortiden] en vakker drøm, framtiden noe illevarslende og øyeblikket en åpen grav» (320). Men også fortelleren selv opplever på et tidspunkt å være fanget av øyeblikket. Når spiralvinden som kom «sjanglende inn» på gamletunet, slipper taket i ham, er det som om han befinner seg utenfor tiden: «I et uendelig øyeblikk var

143

jeg midt i det vindstille virveløyet. Skypumpa pumpet meg luft-
tom som en vakuumpakning. Så ble jeg stående i en sjakt av
fullkommen fred og ro. Rundt omkring meg raste øyeblikkene»
(314). Som fortelleren antyder i omtalen av barokkpoetene,
kan det å leve i øyeblikket forstås som det motsatte av å
tenke seg selv ut fra en større sammenheng. I barokkpoetenes
dikt, hevder han, betyr «ordet historie det samme som forfall
og oppløsning». Og videre: «1600-tallet er den dunkle perio-
den mellom renessansens pågående og selvbevisste tidsfølelse
og 1700-tallets og opplysningstidens nye utviklingsbegrep.»
Fortelleren i «På Gamletun i Europa» er opptatt av hvordan
forståelsen av hva fortid og historie er, har endret seg gjennom
tidene. Denne forståelsen, kunne man legge til, har til enhver
tid også påvirket selve de historiske fremstillingene. Som kjent
bidro for eksempel renessansens «selvbevisste tidsfølelse», opp-
levelsen av å tilhøre en epoke som var vesensforskjellig fra alle
foregående, til en omkalfatring av den historiske periodeinn-
delingen og en nylesning av de århundrene som fra da av ble
omtalt som middelalderen. For ettertiden avslører renessanse-
historikernes arbeider like mye, hvis ikke mer, om sin egen
samtid som om den fortiden de i utgangspunktet ville si noe om.

Det er dette forholdet som formuleres som et uløselig
problem for hovedkarakteren i Dag Solstads *Roman 1987*, en
roman det er nærliggende å assosiere til i møte med enkelte av
novellene i Herbjørnsruds forfatterskap, ikke minst på grunn
av tittelens tidfesting. Fjords motivasjon for å studere historie
er frykten for å skulle være – eller bli – begrenset til sin egen tid,
til øyeblikket. Ganske tidlig i boka utlegger han denne frykten
slik:

Å være fange av øyeblikket forekom meg å være å bli satt i
en naken celle, henvist til sine egne hjerteslag, som eneste sel-

144

skap, mens man ikke hadde annet å gjøre enn å vente på at klaustrofobien skulle kvele en. Å leve i øyeblikket var for meg bokstavelig talt å være fange av øyeblikket. Innesperra. Uten rettigheter. [...] Uten å være knyttet til historia forekom det meg at livet ville være ikke bare uten verdi, men direkte uutholdelig. (Solstad 1994: 147)

Som tema for sin hovedoppgave velger Fjord slottspresten Absalon Pederssøns beretning «Om Norigs rike», skrevet i 1567 (omtrent på samme tid som sagnet vil ha det til at Blinde-Margjit sitter i toppen av tunasken), på oppfordring fra den danske kongens befalingsmann, Erik Rosenkrantz. Under arbeidet med slottsprestens skrift blir Fjord mer og mer klar over at det å ha en historisk bevissthet, innebærer å innse at ikke bare menneskets livsbetingelser, men også forståelsen av fortiden endrer seg med historien, i takt med den samfunnsmessige utviklingen for øvrig. Denne innsikten står for ham som ulidelig, fordi den impliserer at hans egne bestrebelser på å forstå og utlegge en bestemt historisk epoke – i dette tilfellet 1500-tallet – i beste fall kan gi etterkommere grunnlag for å forstå *hans* tid. Så var han likevel innestengt i et øyeblikk? Slik formulerer han det selv:

Og hvem var jeg? Hvem var jeg, som studerte dette verket og som gjennom møysommelig arbeid kunne utsi noe om det som ikke bare ga uttrykk for at jeg var et barn av det 20. århundre, men kunne uttrykke noe sant om Mester Absalon og hans tid?

Det forekom meg klart at når jeg skreiv om Mester Absalon, og hvis jeg skreiv godt om han, så ville jeg likevel ikke oppnå noe annet enn å vise for framtidas historikere min egen tids lenker, som jeg sjøl ikke var oppmerksom på, men som ville legges helt åpent og naivt fram i min egen tekst og framtida ville si:

Dette er interessant, sånn tenkte man altså i det 20. århundre. De trudde de etterlikna sannheten, men i virkeligheten finnes her de merkeligste sammenlikninger, ulogiskheter, ubegripeligheter og direkte løgner som det er svært vanskelig for oss å forstå at de sjøl ikke innså var åpenbart løgnaktig. Tanken på dette plaga meg. Hvis jeg nekta for at alt det jeg skreiv om Mester Absalon ville innebære dette, betydde jo det at jeg stolte på vår tids fortreffelighet til å finne fram til den historiske sannhet, og at jeg på en eller annen måte måtte si meg enig i den tvilsomme teori at Historia er læren om hvordan menneskeheten omsider har nådd fram til vårt nivå. Men hvis det var umulig for meg å si meg enig i det, hva var da vitsen med det hele? Da ville hele min virksomhet være redusert til å uttrykke min egen tids begrensninger, slik at framtida kunne peke på dem, og forstå dem, utifra de begrensninger de igjen ville betrakte historia med. (173)

Spørsmålet om hva en historisk fremstilling er, opptar også fortelleren i «På Gamletun i Europa». Han forsøker selv å rekonstruere to ulike historiske forløp – på den ene siden gårdshistorien fra 1600-tallet til i dag, på den andre siden den europeiske kulturutviklingen ved overgangen mellom 1500- og 1600-tallet – og novellen innledes med henvisning til diverse historiske kilder: manntall, matrikler, folketellinger. Men noe av det første fortelleren bemerker er kildenes tilkortkommenhet. Om husmannen Jon, som bodde på gården i 1620-årene, kan kildene bare gi «en eneste opplysning», nemlig at han «var forarmet, [...] altså fattig». Og selve gården finnes det, i enkelte kilder, tilsvarende få opplysninger om: «I folketellingen for 1665 blir garden ikke nevnt» (311). Det er da heller ikke kilder som dette fortelleren primært baserer sin historiske beretning på. Tvert imot er det sagnet, lignelsen og den muntlige overleveringen fortiden åpner seg gjennom. Måten fortelleren forholder seg til disse kildene på, kan få leseren til å bli minnet om konfliktene som presenteres i novellen «Dvergmål». Fortelleren Thomas har jo her gjort det til sin livsoppgave å utvikle en vitenskap basert på lignelser fremfor ligninger. «Å fange tilværelsen med ligninger er like upraktisk som å plukke hvitveis med tærne,» hevder han – og, med referanse til enda en av forfatterskapets noveller: «Det er lignelsen og ikke ligningen som er nøkkelen til de hemmelige rom som finnes bak de låste blinddører som vi tidligere ikke klarte å dirke opp» (176). Nå vet man at man ikke kan ta alt Thomas sier for god fisk, og det er heller ikke alltid så lett å få tak på hva alle utsagnene hans betyr, men i likhet med fortelleren i «På Gamletun i Europa» er han en karakter som er opptatt av de ulike måtene vi fortolker – og forteller om – tilværelsen på. «På Gamletun i Europa» innleder samlingen som bærer tittelen *Eks og sett* – eller: *x og z* – en tittel som jo alluderer til ligningen, eller ligningens to ukjente. I tittelnovellen aktualiseres denne betydningen gjennom en problematisering av identitetsspørsmålet (alle karakterene holder til i Hveemgrenda) og forholdet mellom fiksjon og virkelighet (karakterene bærer alle navn etter alfabetets bokstaver: Eks, Sett, Kå, og så videre). Disse problemstillingene er ikke sentrale på samme måte i «På Gamletun i Europa» – her tjener i stedet samlingens tittel til å minne en om, eller understreke, fortellerens vanskeligheter med å rekonstruere de historiske forløpene han komponerer teksten sin rundt. For også sagnet om Blinde-Margjit lar fortelleren – og leseren – sitte igjen med en rekke ubesvarte spørsmål, og som fortelleren selv anfører, er det til syvende og sist alt det sagnet lar forbli ukjent, som i en viss forstand *er* historien: «For det er nettopp sagnets fortielse og vår egen forbauselse og uvisshet som gir ungjenta Margjit den friheten hun tren-

147

ger for å kunne forvandle seg foran våre undrende øyne»
(319).

Denne holdningen er tilsynelatende en annen enn den han
fremstiller barokken og det tidlige 1600-tallet med, all den tid
han i denne delen av teksten fremstår som mest opptatt av hva
man *kan* fastslå om perioden. Like fullt tilsier fortellerens his-
torieforståelse, slik han skisserer den mot slutten av novellen,
at han vet at denne historiske epoken er omtrent like utilgjen-
gelig for ham som Blinde-Margjits vise. I løpet av novellen er
det mer enn visa som går i oppløsning; det gjør også, for å
parafrasere Fjord, den historiske sannhet. Problemet for fortel-
leren i «På Gamletun i Europa» er ikke, som for karakterene i
«Vi vet så mye», at historien fremstår som forutbestemt, men
snarere at det bare er gjennom tilfeldigheter man får tilgang til
den. Det er dette de avsluttende betraktningene impliserer:

> Vi graver ut tufter, og vi gransker kirkebøker og skrifteproto-
> koller, og vi prøver å skue innover i historien.
> Da kan det overrumplende skje at et blikk dypt der innefra
> brått treffer vårt eget.
> Det kan skje at vi blir sett.
> At historien ser.
> Oss.
> Så farer blikket forbi og forsvinner i en regnskodde.
> Den som leter lenge nok i historien blir til slutt funnet. [...].
> (322)

Hvilken tid er det så «På Gamletun i Europa» egentlig forteller
mest om? Og hva slags betydning skal man tillegge de gjen-
standene fortelleren graver fram innledningsvis i novellen? Ved
å problematisere den historiske rekonstruksjonen gir i hvert
fall novellen leseren grunn til å anta at fortellerens betraktnin-

ger rundt 1600-tallet ikke kan tenkes helt uavhengig av hans forståelse av det århundret han selv lever i.

En åpen grav

«På Gamletun i Europa» innledes med et uvanlig funn. Slik beskriver fortelleren det første møtet med steinhodene:

> Med neglene klorte jeg den våtsvarte jorda av laftesteinene som telen hadde brukt 127 år på å løfte opp i dagen. Begge var beinhvite og skalleformede og lignet de kranier som graveren slynger opp med spaden.
>
> Jeg ble stående der på åkeren i tomgangsduren fra dieseltraktoren med en stein i hver hand. Så rart: De hadde øyehuler og kinnknoker og kjakebein. Ja, sannelig hadde de det, og da jeg kikket litt nøyere etter, oppdaget jeg jammen også nesebein og øreganger. Med hjelp av litt fantasi kunne jeg se noen få ravgule tenner. Skallebuene rundet seg jevnt og glatt opp fra panna og over issen og ned i nakken. De lignet begge mer på hoder laget av en skulptør enn på kranier. (312)

Synet av hodeskallene skremmer ham ikke, men forundrer ham, og vekker også en ømhet, eller omsorgsfølelse, i ham. Et par avsnitt senere kan man lese: «Jeg bøyde meg ned, helt ned til Blinde-Margjits hode og strøk henne kjærtegnende over panna» (313), og mot slutten av novellen, når det er blitt kveld og fortelleren sitter ved skrivebordet, innrømmer han: «Det hender jeg legger fra meg pennen og bøyer meg fram over papirene og stryker og stryker handa mildt over Blinde-Margjits panne». Og: «Før jeg begynte å skrive, satt jeg lenge slik og kjærtegnet det fine hodet hennes» (322). Gjennom hele novellen forsikres man om fortellerens svakhet for historisk liv og fortidige tilværelser. Fortelleren tolker steinhodene som et konkret spor etter fortiden, som et bevis på at også andre mennesker har levd sine liv på jorda, og dermed også som en bekreftelse på fellesskap og historisk sammenheng – ja, på at han ikke er en øde øy i et stormfullt hav, for å låne John Donnes formulering. Også de avsluttende betraktningene understøtter en slik lesning. «Den som leter lenge nok i historien, blir til slutt funnet,» påstår fortelleren, før han fremhever funnet av hodeskallene som en forutsetning for at hans egen tekst kunne bli skrevet (322).

Fortellerens ømhet for hodeskallen minner en om den Shakespeare lar Hamlet utvise i den berømte graverscenen, og kan også få leserens tanker til å gå i retning av Wergelands «Dødningskallen», som fortelleren i «Skjelettet og anatomiboka» jo stadig alluderer til, og som altså skildrer jegets fascinasjon for de «Hjerneskaller og Dødningsbeen» som «Graveren [...] kaster [...] opp» – og jegets spekulasjoner rundt hvem en av hodeskallene «maa have tilhørt» (Wergeland 1919a: 350). For fortelleren vet jo strengt tatt ikke om det er restene av Blinde-Margjit han har funnet («Ja, det måtte være Blinde-Margjit, bestemte jeg. Slik kunne kanskje denne underlige kvinnen ha sett ut under ansiktshuden» (312)). Denne usikkerheten er en av grunnene til at man som leser aldri helt klarer å slå seg til ro med fortellerens harmoniske fortolkning av et funn som, gitt at det dreier seg om to hodeskaller, *også* er temmelig grotesk.

Når hodeskaller og skjelettrester dukker opp i Herbjørnsruds forfatterskap, er det ellers i forbindelse med skildringer av død, tungsinn eller ulike former for ugjerninger. I «Blinddøra» kommer det fram at den låste døra i fortellerens stue skjuler restene av et uektefødt spedbarn og den mystiske Valund. Sped-

150

barnet ble født tidlig på 1880-tallet, etter at fortellerens oldefar hadde forgrepet seg på budeia Birgit, og ble siden lagt bak døra i uppstugo, som nylig var blitt blindet. Da Valund kom til gården over 60 år senere, kunne han, ifølge fortelleren, høre noe ingen andre i huset hørte – barnegråt – og etter mange søvnløse netter skal han til slutt selv ha lagt seg bak døra. Også skjelettet i «Skjelettet og anatomiboka» vitner om en ugjerning: Skjelettet fortelleren finner på Sagaheim folkehøyskole, skal jo etter sigende ha tilhørt en numedalsbonde som ble drept av broren sin i 1835. Men Herbjørnsruds karakterer ser også skjelettrester der de i utgangspunktet ikke finnes – snøflaten kan fremstå som «en avpillet beingrind» (274), det flensede låvetaket som «et hvalskjelett» (423) – og de tolker forbrytelser inn i det de ser. Johannes Hauges blikk på verden, i «Johannes Hauge, 63 år, bonde», er sånn sett symptomatisk. En beverdemning kan for ham brått forvandle seg til en massegrav:

Sjå beverdemningane i elva.
Sjå, men ikkje sjå meg.
Da ser du kvistene ligg i kross og krok oppå kvarandre.
Borken er gnegen av så berre dei kvite knoklane er att.
Det ligg beinhaug på beinhaug oppetter elva.
Kva er det dei gjer med borna sine?
Slengjer dei i massegraver.
Skogen et kjøtet.
Skogen syg mergen ut av beina.
Og vatnet siklar gjennom beingrindene.
Og vinden bles i beinpipene.
Og rundt ikring står trea.
Røtene strålar som svarte soler og kjempar og strir om dei daude for å kunne leva i jordmørkret.
(50)

Men for fortelleren i «På Gamletun i Europa» forholder det seg tilsynelatende omvendt: Han tolker liv ut av det som er dødt, forteller en hel livshistorie med utgangspunkt i en hodeskalle. Skjønt helt sikker kan man ikke være. Som leser får man tro det *er* hodeskaller fortelleren finner, men han omtaler dem aldri som det. Man får høre at det han trodde var laftesteiner, «lignet kranier», og at de «hadde øyehuler og kinnknoker og kjakebein [...] [og] også nesebein og øreganger», og at han «med litt fantasi kunne [...] se noen få ravgule tenner» (312) – men skallene betegnes ikke på noe tidspunkt som noe annet enn «steinhoder». Kan man så tolke fortellerens innledende beskrivelser som et uttrykk for en sinnsstemning som er beslektet med Johannes Hauges? Kanskje er det også denne morgenen bare laftesteiner fortelleren finner, men hodeskaller han ser?

I alle fall har fortelleren forfattet en tekst der dødsmotivet står svært sentralt. Spiralvinden som overmanner ham på tunet, beskrives som «et ulenkelig høyt spøkelse med en sverm av vissent løv til hode» (314). Under flommen flyter druknede dyr forbi Blinde-Margjit i tunasken – blant annet en oppsvulmet saueskrott: «[D]a sauen var like utenfor asken, hadde hun oppdaget de to kråkene som satt på kadaveret med klørne dypt i ull og hakket uforstyrret» (316). Ifølge sagnet hørtes flommen ut som når «brynesteinen hviner mot ljåeggen» (316), og Blinde-Margjits vise skal altså ha kretset rundt dødens konstante nærvær: «Vogga er hennes grav, heter det visst i en av de siste strofene» (320). Når fortelleren videre skal beskrive hvordan visa gikk i oppløsning, gjør han det ved hjelp av dødsmetaforikk: «Visa gikk omsider tilbake til det latinske alfabetet den hadde kommet fra. Når jeg ser alle de 29 bokstavene samlet på rekke og rad, minner alfabetet meg om en kirkegård der visa *Margit og Augemannen* ligger begravd» (322). Novellen er dessuten full av dødsfall: Ved sagnets innledning har moren til Blinde-Margjit akkurat død, og noen få uker tidligere bukket faren og de to yngre søstrene under for sotten. I fortellerens gjennomgang av det tidlige 1600-tallet får man høre at Cervantes og Shakespeare dør – og hele tre ganger presiseres det når Blinde-Margjit dør, den første gangen i novellens innledningssetning: «Den aller første som vi vet bodde på garden vår, var Blinde-Margjit som døde i 1616» (311). (At Blinde-Margjit dør nøyaktig samme år som Shakespeare og Cervantes, er, som jeg skal komme tilbake til, av en viss betydning). I tillegg kommer alle de dødsfallene som impliseres med utsagn som: «Ute i Europa skal krigsgudene snart slippes løs og gå berserk i 30 år» (320).

Dødsmotivets sentrale plass i novellen er i seg selv ikke avgjørende for hvordan man skal forstå funnet av hodeskallene, men bidrar til å gi teksten en mørkere bunn enn fortellerens avsluttende betraktninger skulle tilsi. Dette mørket forsterkes av et annet viktig aspekt ved novellen. Historien om Blinde-Margjit er en historie om forvandling, men sagnet forteller også om ondskap – eller rettere: ulike forestillinger om ondskap. Noe av det første man får høre om den unge Margjit, er at hun «hadde vært et offer for forestillingene om den onde hug og det onde øye som var selve grunnlaget for menneskeforståelsen i det gamle bondesamfunnet» (318). Margjit ble betraktet som ond, og man forklarte ondskapen slik:

Helt fra hun var småjente, hadde Margjit sittet ved siden av moren når hun manet og besverget ondskapen til å slippe taket i de martrede kroppene. Og de plagedes smertelige og pinefulle blikk brøt seg inn i den vesle Margjits øyne og syn og falt som søkktunge bører nedover i hennes hug. Veslejenta satt der vergeløs og oppmerksom med vidåpne øyne og tok imot og tok imot. Og de andres smerter og lidelser, deres bitterhet og nag sank ned og bunnfelte seg i hennes sinn og gjorde henne tunglynt og sturen. Med årene ble hun ormøyd og fikk ond hug. Tankene og blikket hennes kunne skade andre. Moren klarte ikke å drive det onde ut av henne enda hun brukte alle sine salver, urtedrikker og besvergelser. Ingen andre visste noen råd heller. Hun hadde sett for mye ondt og uhyggelig som liten, sa de. (315)

Møtet med Augemannen forvandler omverdens syn på Blinde-Margjit: Over natten blir hun plutselig godtatt av alle. Forvandlingen bærer bud om alle tings forgjengelighet, og må, for Blinde-Margjits del, også forstås som en reell befrielse – om ikke annet fra den identiteten omgivelsene har latt henne stivne i. Men med forvandlingen endrer også novellens behandling av temaet ondskap seg. Det vil si etter beskrivelsen av møtet mellom de to, er det tilsynelatende ikke lenger noe tema. Årsaken kan ganske enkelt være at novellens hovedanliggende er et annet, men siden så mye annet ved Blinde-Margjits historie kan relateres til den historiske og samfunnsmessige utviklingen, er det fristende å lese også denne forskyvningen i et slikt lys.

Fremveksten av det nye verdensbildet innebar som antydet en gradvis devaluering av den typen forklaringsmodeller som kunne bestemme at Blinde-Margjit var ond og moren klok. Riktignok var denne prosessen bare så vidt blitt innledet på Blinde-Margjits tid, og skulle komme til å strekke seg over flere århundrer, men 1500- og 1600-tallet fremheves som en viktig overgangsperiode. Max Weber oppsummerte vitenskapens fremvekst og religionens avtagende betydning med formuleringen *Entzauberung der Welt*, avmystifiseringen av verden, og idéhistorikeren J.H. Randall gir følgende statusrapport om situasjonen i kjølvannet av den kopernikanske og kartesianske revolusjon: «Gone were the angelic hosts, gone the devils and their pranks, gone the daily miracles of supernatural intervention, gone even was man's imploring cry of prayer» (Randall 1976: 227). Begge beskriver indirekte en verden som i stadig mindre grad forholder seg til ondskap og det onde – som begrep og forestilling – uten, og det er vel knapt nødvendig å legge til, at onde gjerninger slutter å bli begått. Og uten at noen vel slutter å tenke om de mest forferdelige handlinger som onde. Poenget er simpelthen at man gradvis begynner å bruke andre, men ikke nødvendigvis mer dekkende, ord for å beskrive bestialske drap, for eksempel, eller død og lidelse mer generelt. Det ville sånn sett ikke være helt urimelig å hevde at den litterære tematiseringen av språklig avmektighet i møte med horrible hendelser – en problematikk typisk, ikke minst, for det tjuende århundret – er en variant av denne problematikken.

Kan man så, i forlengelsen av dette, tenke seg at «På Gamletun i Europa» reflekterer over denne avmektigheten? Kan avsporingen fra ondskapstemaet leses som et uttrykk for fortellerens manglende evne til å ordlegge seg om det onde han erfarer i sin egen samtid? Og kan funnet og beskrivelsen av hodeskallene forstås som en litterær omskrivning – ja, som en haltende allegori? Ser man på forfatterskapet for øvrig, vil man oppdage at ondskap aldri nevnes med ett ord, ikke engang i de novellene som fremstiller hendelser leseren forbinder med ondskap. Av Herbjørnsruds karakterer er det bare den litt stakkarslige og selvmedlidende Jens Helland som får seg til å bruke begrepet i fullt alvor. Som fortelleren et sted bemerker: «Men forferdelsen over menneskers ondskap og usseldom bunnfelte seg i ham» (289). Men en far som kapper hodet av sønnen sin («Drenering, 1963»), en bonde som er nær ved å slå i hjel naboen sin («Knut Rinde, 38, agronom»), en mann som sprenger tvillingbroren sin i filler («Dubletter»)? Nei, ingen av disse

155

handlingene beskrives på noe tidspunkt som onde. Selv ikke i «Vi vet så mye», som jo kretser rundt den hendelsen i det tjuende århundret som vel i størst grad har aktualisert våre forestillinger om ondskap, dukker begrepet opp.

«[D]et som synker til bunns i drømmen og fantasien og eventyret, [vil alltid] flyte opp til overflaten i virkeligheten,» heter det i en av Herbjørnsruds noveller (125). Hva skal man så tro om hodeskallene telen har presset fram på gamletunet? Ingenting tyder på at det er begått en forbrytelse mot de menneskene hodeskallene skal, eller kan, ha tilhørt. Men kan selve funnet av dem leses som en påminnelse om at ondskap fortsatt finnes, og at onde gjerninger fortsatt begås? Fortellerens kunnskap om, og bevisste bruk av, litterære virkemidler ansporer en til å forfølge tanken.

«... skull-handler, parablist, / smeller of rot»

Funnet av hodeskallene kan, som mye annet i novellen, leses på flere måter, men det er i alle fall vanskelig å tolke innledningsscenen helt uavhengig av fortellerens avsluttende betraktninger rundt billedbruken i barokkpoetenes dikt. Riktignok inngår hodeskallen som en viktig del av billedbruken i en rekke litterære epoker – berøringspunktene mellom fortellerens beskrivelse av funnet og Wergelands «Dødningskallen» er som sagt påfallende – men man kjenner først og fremst skjelettet, og spesielt hodeskallen, som et sentralt element i vanitas-tradisjonen, som vokste fram, eller: fikk sin kulturelle utbredelse, rundt overgangen mellom 1500- og 1600-tallet. Selve vanitas-problematikken kunne i barokken komme til uttrykk på en rekke forskjellige måter, og i ulike sammenhenger, og tradisjonen har

ifølge den franske idéhistorikeren Philippe Ariès en religiøs opp-
rinnelse. Motivets mest kjente utforming finner man innenfor
billedkunsten, i de mange stilleben av gjenstander som, enten
på grunn av sin funksjon, eller sin slitte fremtoning, formid-
ler en erfaring av tiden som går. Ariès' hovedeksempel er et av
hollandske Leonard Bramers bilder. Bildet viser en falleferdig
rustning og et bord med gamle bøker og et par knuste taller-
kener; ved siden av bordet sitter en gammel mann og stirrer
tomt ut i lufta, og i bakgrunnen kan man så vidt se to skjelet-
ter. Menneskets død og tingenes forfall – eller, for å si det med
John Donne: *decay, ruine*. Det sentrale poenget for Ariès er at
vanitas-motivet sekulariseres i barokken, og med det forand-
res også forståelsen av motivet seg. Fra å ha blitt tolket som en
oppfordring til å konvertere, for slik å være sikret et liv i den
guddommelige evighet, fremstår etter hvert motivet mer som en
generell påminnelse om dødens konstante nærvær. Døden truer
ikke lenger tilværelsen utenfra, men blir tvert imot oppfattet
som en selvfølgelig del av livet, ja, som et premiss for tilværel-
sen. Dermed fremstår brått også livet som flyktig og usikkert,
tomt og råttent, og døden – i flere tilfelle – som en lise.

At «På Gamletun i Europa», med innledningsscenen, skri-
ver seg inn i vanitas-tradisjonen, får man en mistanke om dels
fordi beskrivelsen av funnet har gjenklang i kjente tekster fra
perioden, og dels fordi scenen er utformet på en måte som
gjør det nærliggende å assosiere i retning av enkelte bilder fra
epoken. Før han beskriver selve funnet, informerer fortelleren
leseren om at det er en bygg- og hveteåker han skal komme til
å gjøre det underlige funnet sitt i: «Nå om årene dyrker vi bygg
eller hvete på Gamletun» (312). Kunsthistorikeren Linda Phyl-
lis Austern er på sin side blant dem som har påpekt at det ikke
var uvanlig for 1500- og 1600-tallskunstnere, i utformingen av
vanitas-motivet, å dra veksel på Bibelens mest kjente jordbruks-

metaforer, der moden hvete «stood directly for the promise of resurrection» (Austern 2003: 305). Som det tidligste eksempelet på denne koblingen nevner hun Claude Paradins *Devises Héroïques*, der man ser modne hvetekorn strøs utover de samme knokkelmarkene som de vokser opp av. Ved begynnelsen av 1600-tallet, hevder Austern videre, kunne denne varianten av vanitas-motivet vise en hodeskalle det vokste hvetestrå ut av – plassert mellom andre gjenstander som også de symboliserte livets forgjengelighet: et timeglass, en blomsterbukett, et lys som er i ferd med å brenne ut.

Om denne forbindelsen fremstår som noe løs, er som sagt de intertekstuelle forgreiningene til en av litteraturhistoriens mest kjente scener – graverscenen i *Hamlet* – desto tydeligere. Hodeskallene på Gamletun ligner ifølge fortelleren «kranier som graveren slynger opp med spaden» (312), og det *er*, for å bruke fortellerens ord om funnet, noe «besynderlig [...] velkjent» ved denne formuleringen. (Det samme kan man hevde om fortellerens utsagn mot slutten av novellen – «Tiden går av hengslene» (320) – som jo er den vanligste norske oversettelsen av Hamlets berømte formulering mot slutten av første akt: «The time is out of joint».) Wergelands dikt spøker stadig i bakgrunnen, men det er grunn til å spørre om ikke også Wergeland har hatt Shakespeares tekst i tankene under utformingen av åpningslinjene: «'Nu kunne I have hvilet nok,' mener Graveren, og kaster Hjerneskaller og Dødningsbeen op». For minner ikke graveren her bemerkelsesverdig om de to graverne som forbereder Ophelias grav, og som skjødesløst kaster hodeskaller opp av jorda? Hendelsen åpner som kjent for Hamlets spekulasjoner rundt hvem skallene kan ha tilhørt:

That skull had a tongue in it, and could sing once. How
the knave jowls it to th' ground, as if 'twere Cain's

jawbone, that did the first murder. This might be the
pate of a politician which this ass now o'er-offices, one
that would circumvent God, might it not?

[...]

Or of a courtier, which could say, 'Good morrow, sweet
lord. How dost thou, sweet lord?' This might be my
Lord Such-a-one, that praised my Lord Such-a-one's
Horse when 'a meant to beg it, might it not?
(5.1)

Hva sier så denne allusjonen om fortellerens egen tekst? I første
omgang bekrefter den leserens inntrykk av at fortelleren er en
belest mann, men, og dét er i denne sammenheng det viktigste,
den bidrar også til å befeste koblingen mellom hodeskallemoti-
vet i teksten og 1600-tallets vanitas-motiv. Med de overordnede
betraktningene rundt epoken går fortelleren videre langt i å
etablere en forbindelse mellom den makabre billedbruken og
den samfunnsmessige utviklingen, vanitas-motivet og de kon-
krete historiske hendelsene. Én ting er vektleggingen av den
generelle krisebevisstheten fremveksten av det nye verdensbil-
det utløste – en annen ting er påminnelsen om at Europa, med
30-årskrigen, faktisk var en slagmark. I ettertid huskes da også
krigen blant annet for de spesielt katastrofale følgene den fikk
for sivilbefolkningen, noe for eksempel Bertolt Brecht har visst
å understreke – i et stykke som *Mor Courage og barna hennes*.
Krigen var mer enn en fjern kontekst for periodens makabre
billedbruk – under, og i kjølvannet av den, lå det konkrete
menneskerester strødd utover hele Europa. Det ville naturlig-
vis være en overdrivelse å hevde at graverscenen i *Hamlet* tar
innover seg alt dette (og stykket utgis strengt tatt også før

159

de konfliktene man siden skulle omtale som 30-årskrigen, ble innledet), men det er nærliggende å betrakte Shakespeares opptatthet av det gjennomkorrumperte samfunn – i tidlige 1600-tallsstykker som *Hamlet*, *Othello*, *King Lear* og *Macbeth* – på bakgrunn av de politiske konfliktene og sosiale urolighetene i hans egen samtid. Det dreier seg ikke om en direkte gjenspeiling. Poenget her er snarere de litterære omskrivningene. Det korrupte samfunn skildres jo gjerne i Shakespeares stykker ved hjelp av enten ulike sykdomsmetaforer – eller makabre bilder som hodeskaller og menneskerester. Det er dette siste den irske poeten Seamus Heaney spiller på når han, i samlingen *North*, utforsker den historiske bakgrunnen for de voldelige konfliktene som utspiller seg i *hans* samtidige Irland. I fjerde del av diktet «Viking Dublin: Trial Pieces» kan man lese:

[...]
I am Hamlet the Dane,
skull-handler, parablist,
smeller of rot

in the state, infused
with its poisons,
pinioned by ghosts
and affections,

murders and pieties,
coming to consciousness
by jumping in graves,
dithering, blathering.
(Heaney 1975: 23)

Diktene i *North* – og, for den saks skyld, i samlinger som *Wintering Out* og *Field Work* – er av en viss relevans for Herbjørnsruds novelle. Ikke primært på grunn av de mange Shakespeare-referansene, men på grunn av måten Heaney bruker det historiske materialet på. Flere av diktene i disse samlingene omtales som *the bog poems, myrdiktene,* og tar form som et tilbakeblikk på de engelske og skandinaviske invasjonene på 1100-tallet, og for Heaney fremstår den historiske erfaringen som en nøkkel til å forstå 1900-tallets Irland: opprørene, volden, de langvarige konfliktene. I diktene vrimler det av menneskerester som stikker opp av jorda og de vidstrakte myrområdene. Diktet jeg har sitert fra, innledes slik: «It could be a jaw-bone / or a rib or a portion cut / from something sturdier: / anyhow, a small outline // was incised, a cage / or trellis to conjure in» (21). I «Bone Dreams» går de første to versene: «White bone found / on the grazing» (27), mens i «Kinship» heter det: «Quagmire, swampland, morass: / [...] Earth pantry, bone-vault, / sun-bank, enbalmer / of votive goods / and sabred fugitives» (41). Men – som i Herbjørnsruds novelle – hender det også av og til i disse tekstene at det bare er gamle laftesteiner jeget finner: «'They just kept turning up / And were thought of as foreign' – / One-eyed and benign / They lie about his house, / Quernstones out of a bog» (13). Like fullt er et av de mest sentrale spørsmålene for Heaney: Hvordan bygge et fredelig samfunn på restene av menneskelik, på grunnlag av så mange begåtte forbrytelser?

Dette er også et spørsmål Herbjørnsrud stadig vender tilbake til – men i «På Gamletun i Europa» synes fortelleren i utgangspunktet ikke å være spesielt opptatt av sin egen samtid. Er det ikke nesten et direkte misforhold mellom iveren etter å utbrodere konteksten for Blinde-Margjits vise og vegringen mot å si noe som helst om den historiske bakgrunnen for egen tekst? Fortelleren gir leseren – to ganger – en viktig opplysning, nemlig at vi befinner oss i 1991. Hvis man også stanser opp og tenker over novellens tittel, får dette årstallet en viss betydning. I europeisk sammenheng står 1991 som et viktig skilleår, nærmere bestemt som året for Sovjetunionens oppløsning, kommunistregimenes fall og tilspissingen av konfliktene, som siden skulle bli borgerkriger, på Balkan. Historikeren Eric Hobsbawm lar årstallet avslutte det han i boka *Ekstremismens århundre* omtaler som det korte århundret, eller som: *ekstremismens århundre*. 1991 var med andre ord, for å parafrasere fortelleren, det året krigsgudene igjen – for første gang siden andre verdenskrig – skulle få slippe løs på europeisk jord.

Nå er ikke poenget at «På Gamletun i Europa» egentlig handler om borgerkrigene på Balkan, men at fortellerens funn av hodeskallene kan leses som en allegori over volden og urolighetene i egen samtid, og, videre, at disse urolighetene danner et viktig utgangspunkt for det historiske tilbakeblikket, som altså fyller det meste av novellen. For med ekskursen om den europeiske kulturutviklingen ved overgangen mellom 1500- og 1600-tallet fremstår tilbakeblikket også som en utforskning av hva Europa har vært eller kan ha vært. Det er dette novellens tittel signaliserer, men gamletun-metaforen omfatter ikke nødvendigvis bare 1600-tallets Europa – det gamle (og nye) Europa er, for lesere i dag, like mye Europa før (og etter) kommunismens fall. Om novellens tittel kan sies å ha en slik dobbeltbetydning, ligger det også en ironi i den som handler om at historien gjentar seg: Europa-kartet endres, men slagmarkene forblir de samme. I mediene var det forskrekkelsen over nettopp dette – gjentagelsen: at massedrapene, torturen, voldtektene, den etniske renskningen kunne finne sted *igjen* – mange ga uttrykk for under og i kjølvannet av borgerkrigene på Balkan.

Enten fortelleren forholder seg til sin egen samtid eller ikke, befinner han seg i et Europa som er i ferd med å gå i oppløsning. I en utkant av Europa, ja vel, men, for igjen å si det med John Donne: «every man is a peece of the *Continent*, a part of the *maine*». Dette bidrar til å forklare at han selv, stadig i likhet med den sengeliggende Donne, i så stor grad insisterer på å etablere sammenhenger på kryss og tvers av tilværelsen. Dette kommer ikke minst til uttrykk gjennom opptattheten av fortellemåter, fremstillingsformer; i løpet av den korte teksten får man høre om sagn, eventyr, folkeviser, manntall, matrikler, folketellinger, kirkebøker og skifteprotokoller – i tillegg til forfattere som Shakespeare, Cervantes, Pascal, Poulet, Proust, Bergson og, for ikke å glemme, barokkpoetene. Hver av disse referansene henviser til ulike måter å ivareta menneskelig erfaring på.

En hemmelig avtale

I Selma Lagerlöfs roman *Gösta Berlings saga* klager fortelleren – eller Lagerlöf selv? – et sted: «O, sena tiders barn! Jag har ingenting nytt att berätta er, endast det, som är gammalt og nästan glömt» (Lagerlöf 1961: 154). Det patosfylte utbruddet er nedtegnet i en tid hvor den muntlige fortellekulturen er i ferd med å forsvinne, og hvor de gamle fortellingene står i fare for å bli glemt, hvis de da ikke overlever overgangen fra muntlighet til skriftlighet, finner veien inn i en bok – som for eksempel *Gösta Berlings saga*. Overgangen fra muntlighet til skriftlighet er et sentralt tema i «På Gamletun i Europa». Fortelleren – som etter alt å dømme holder til på en gård i det fylket man må kunne betegne som de norske folkevisenes kjerneområde, Telemark – henviser til innsamlings- og nedskrivningsarbeidet som kom i gang på 1830- og 1840-tallet, og presiserer at Blinde-

Margjits vise ikke overlevde: «Da innsamlingen av norske folkeviser, eventyr og sagn begynte i midten av forrige århundre, var det bare brokker og biter igjen av visa Margjit og Augemannen» (321–322). Visa føyer seg inn i den relativt lange rekken av elementer som går i oppløsning i novellen. Men innenfor *sagnet* er visa, og erfaringene den formidler, ivaretatt, og som fortelleform har sagnet bokstavelig talt en svært sentral plass i «På Gamletun i Europa», all den tid sagnet ikke bare fyller store deler av novellen, men også, formelt sett, er plassert mer eller mindre i sentrum. Mon tro om ikke fortellerens egen tekst kan leses som et forsøk på å gjenopprette den klassiske fortellingen – i den tro at fortellingen kan tjene som et bolverk mot det erfaringstapet han beskriver hos barokkpoetene, et tap han jo selv også synes å lide, eller står i fare for å lide.

Fortelleren i «På Gamletun i Europa» er både en typisk og enestående skikkelse i Herbjørnsruds forfatterskap. Novellenes fortellere er jo som regel bønder, de veksler mellom å drive gården og å skrive historier, og novellene selv legger opp til at denne dobbeltheten skal leses som uttrykk for en splittet identitet, eller som en variant av dobbeltgjengermotivet. Fortelleren i «Vi vet så mye» hevder for eksempel et sted: «Kunstneren i meg er sterkere enn bonden. Hver gang vi to råker i slåsskamp, er det alltid forfatteren som vinner» (598). «På Gamletun i Europa» er en av de få historiene som ikke fremstiller den doble virksomheten som en konflikt. Tvert imot åpner novellen for at Herbjørnsruds jordbruksforteller kan leses i et mer forsonende lys.

I sitt berømte essay «Fortelleren» skiller Walter Benjamin mellom to grunntyper av fortellere: den handelsreisende sjømann og den bofaste jordbruker. Disse fortellertypene representerer to ulike, men beslektede, måter å fortelle på. Mens den bereiste sjømann er «en som kommer fra det fjerne», og bringer med seg historier derfra, fremstår den bofaste jordbruker som en med kjennskap til fortiden – til «landets historier og overleveringer». Felles for disse fortellerne er tilknytningen til håndverket. Benjamin skriver: «Hvis bønder og sjøfolk var fortellingens gamle mestere, så var håndverksstanden dens høyskole» (Benjamin 1991b: 180–181). Når Benjamin kobler fortellingen til håndverksstanden, er det fordi han her finner forbindelsen mellom kjennskap til det fjerne og kjennskap til fortiden. Dette har sammenheng med den tradisjonelle arbeidsdelingen, først og fremst kjent fra middelalderen, da den bofaste mester og den farende svenn arbeidet i samme rom, og også med håndverkerens nærhet til, i betydningen berøring med, det han eller hun former. En pottemakers hånd, anfører Benjamin, legger igjen spor på leirskålen, og det er også i denne forstand fortellingen kan forstås som «en håndverksmessig form for meddelelse» (186). I dette ligger det en tanke om at fortellingen, ved å bli fortalt av en forteller som på en eller annen måte identifiserer seg med den, og *preger* historien fremfor å formidle den som om den var ren informasjon, ivaretar erfaringer. Og når hver forteller av fortellingen setter sine spor, blir fortellingen et sted forbindelsen til fortiden og det fjerne kan opprettholdes.

Fortelleren i «På Gamletun i Europa» er åpenbart en forteller med kjennskap til fortiden, og, mer spesifikt, til stedets – gårdens – historier og overleveringer, og han kan minne om den ene av Benjamins to fortellertyper. Men Herbjørnsruds forteller skiller seg fra denne «arkaiske stedfortreder» på to vesentlige punkter: Han står for det første langt på vei utenfor den muntlige tradisjonen, og har for det andre ingen tilhørere. Dét er også noe han er seg bevisst.

Når den muntlige tradisjonen står sentralt for Benjamin, er det fordi det er denne som garanterer for at fortellingen kan preges av ulike lag av erfaringer. Dette poenget utdyper han blant annet ved å kontrastere den russiske 1800-tallsforfatteren Nikolaj Leskovs fortellinger med en annen og relativt ny sjanger – novellen. Han skriver:

> Det moderne mennesket har faktisk klart å forkorte selve fortellingen. Vi har opplevd «short-storyen»s fremvekst. Denne unndrar seg den muntlige tradisjon, og umuliggjør den langsomme overtrekking med tynne og gjennomsiktige lag, som er det mest adekvate bilde på hvordan den fullkomne fortelling, gjennom lag på lag av mangfoldige gjenfortellinger, trer fram i dagen. (187)

Det er naturligvis verdt å bemerke at fortellerens tekst, «På Gamletun i Europa», er en novelle. Men det er et billig poeng, all den tid Benjamin ikke er spesielt opptatt av denne sjangeren, men, mer overordnet, av hvordan episke former forvandler seg, og av hvordan disse forvandlingene gjenspeiler eller har sammenheng med den samfunnsmessige utviklingen. Benjamins perspektiv i «Fortelleren» er som så ofte ellers historisk. Utgangspunktet er todelt: at fortellingens undergang er et faktum, og at denne undergangen kan leses som et uttrykk for at vi har mistet evnen til å utveksle erfaringer. Artikkelens mest kjente eksempel er da også bildet av soldatene som kom hjem fra første verdenskrig: «Så man kanskje ikke at menneskene kom tause fra felten da krigen var slutt? Ikke rikere, men fattigere på meddelbar erfaring» (179–180). Denne utviklingen er imidlertid, med Benjamins ord, en utvikling som kommer langveisfra. Den innledes i barokken – med romanens fremvekst. Han påpeker: «Romanens frembrudd ved den moderne tids begynnelse er det tidligste kjennetegn på den prosess som nå, med fortellingens undergang, er ved å avsluttes.» Årsaken til dette er at romanen representerer det punktet i historien hvor fortellingen ble løsrevet fra «den levende tales område», og dette, presiserer Benjamin, skiller den fra alle andre former for prosadiktning, inkludert novellen: «[Romanen] hverken utgår fra eller inngår i en muntlig tradisjon», noe som igjen har sammenheng med romanens avhengighet av bokformatet. Viktigere er det at romanforfatteren ikke tar del i en reell erfaringsutveksling. Mens fortelleren tar det han forteller fra erfaringen – sin egen, eller den andre har fortalt om – og også gjør det til erfaring for dem som lytter, har romanforfatteren isolert seg: «Romanens fødested er det ensomme individ, som ikke lenger er istand til å uttrykke seg ved å gi eksempler på hva som opptar ham mest, som ikke selv får råd og som ingen råd kan gi» (182–183).

«På Gamletun i Europa» gjenspeiler langt på vei disse fortellermessige motpolene. Mens fortelleren jo iscenesettes som *helt* alene i verden – det fremkommer at det bor andre folk på gården (jeg tenker på formuleringer som: «gården vår» (311), «[n]å om årene dyrker vi» (312)), men foruten ham selv dukker det ikke opp et eneste annet levende menneske i novellen – beskrives Blinde-Margjit som et naturlig samlingspunkt, og som en person folk lytter til: «Om somrene når den gamle Blinde-Margjit satt på krakken i skyggen av tunasken, fortalte hun den som ville høre på om storofsen da hun var ungjente» (317). Og: «Folk i grannelaget lytter til henne og legger seg ordene og tonen på minnet» (320). Kanskje er Blinde-Margjit en oppdiktet skikkelse, kanskje var hun den første som bodde på fortellerens gård, kanskje er skikkelsen basert på Blind-Anna, Jørgen Moes vel viktigste kilde under innsamlingen av norske folkeeventyr – i alle fall fremstår Blinde-Margjit som prototypen på den klassiske forteller. Samtidig er Blinde-Margjit en skikkelse som selv inkarnerer en rekke klassiske motiver. Forvandlingsmotivet har jeg allerede nevnt, men Blinde-Margjit etableres også som en blind forteller eller som en blind seer: en slags sannsigerske. (Blinde-Margjits seergave gis også et romantisk og geniestetisk preg, all den tid seerevnen beskrives omtrent i samme ordelag som Wergelands i «Skjelettet og anatomiboka». Mens Wergeland «åt ilden og gol i henrykkelse» (43), hevdes det at Blinde-Margjit «slukte sola og gol» (319–320); det finnes i det hele tatt flere varianter av denne formuleringen i Herbjørnsruds forfatterskap: også Anna i «Gjesterommet 1966», for eksempel, er en karakter som «sluker sola» (558–559), det samme gjelder melankolikeren Hallgrim Flatin. Å sluke sola: En sol som sakte formørkes før den helt forsvinner? Formuleringen kan få en til å tenke på den norske tittelen på en av Julia Kristevas mest kjente bøker – *Svart sol* – en bok hvis tema er det samme som i stadig større grad opptar Herbjørnsrud utover i forfatterskapet: koblingen mellom melankoli og skaperkraft). Mot slutten av novellen står det å lese:

Sagnet forteller at lyset i Margjits øyne brant langsomt ned innen det omsider sloknet ut. Men da alt ble kjellermørkt i henne og omkring henne, hentet Blinde-Margjit fram det synet hun hadde gjemt på siden ungdommen. Og midt i hennes svarteste natt kveiktes Augemannens øyne, og de blusset og de skinte og de lyste henne vei. Hun var blind, men Augemannen gav henne syn. Han ble hennes øyne og blikk. Blinde-Margjit så bedre enn dengang hun hadde synet. Hun så alt omkring seg, og hun så seg selv utenfra. Hun både så og ble sett. [...] Nå så hun det som ingen andre kunne eller ville se. (319)

Linn Ullmann skriver i artikkelen «Den tredje stemmen» om Oidipus-mytens betydning i Herbjørnsruds noveller, og fremhever «reisen mellom øyet og blikket», mellom utsyn og innblikk, som et av ledemotivene i forfatterskapet (Ullmann 1994: 85). Dette er tydelig i «På Gamletun i Europa», der Blinde-Margjit jo beskrives som en skikkelse med klassiske forelegg. Jeg tenker for eksempel på den blinde heltedikteren Homer, som i *Odysseen* skriver om den blinde sangeren Demodokos (8., 9. og 13. sang) og om den blinde profeten Teiresias (10., 11. og 23. sang). Sistnevnte dukker som kjent også opp som en varsler av ulykker i Sofokles' *Kong Oidipus*, og er siden, på grunn av sin mytiske status, blitt innlemmet i en rekke sentrale verk. Tenk bare på T.S. Eliots dystre undergangsdikt *The Waste Land*, der Teiresias fremheves som en som *ser* diktet han forekommer i. Eliot skriver i de forklarende fotnotene: «What Teiresias *sees*, in fact, is the substance of the poem» (Eliot 1975: 47). Eliots dikt rommer på denne måten en forestilling om å bli sett av tradisjonen, og denne forestillingen er beslektet med tanken om å bli sett av historien, som altså fortelleren i «På Gamletun i Europa» utlegger mot slutten av novellen. I en tid hvor verden synes å falle fra hverandre, er de begge nødvendige visjoner, forutsetninger for at tradisjonen og historien skal kunne ivaretas og reddes fra glemselen.

Dag Solstad lar et sted Fjord hevde: «Jeg innså at uten historisk bevissthet kan våre etterkommere nok leve, men *vi* kan ikke leve uten at vi forutsetter historisk bevissthet også hos våre etterkommere» (Solstad 1994: 149). Det vil si uten at vi forutsetter at vår tid ikke blir glemt. Fortelleren i «På Gamletun i Europa» ville kunne skrive under på dette, men han ville legge til at vi heller ikke kan leve uten at vi forutsetter en form for historisk bevissthet hos våre forgjengere. Det kan igjen være på sin plass å minne om Benjamins betraktninger i «Historiefilosofiske teser», og spesielt det han skriver om den hemmelige avtalen mellom de foregående slekter og vår egen: «Vi er ventet på jorden. I likhet med alle foregående slekter bærer vi med

169

oss en *svak* messiansk kraft, som fortiden gjør krav på. Dette kravet kan ikke avfeies uten videre» (Benjamin 1991a: 95). En svak messiansk kraft: Benjamins refleksjoner har røtter i en jødisk tradisjon, og tar delvis form som metafysiske spekulasjoner, men betraktningene har også mer konkrete, og sekulære, implikasjoner. Vi har forpliktelser overfor fortiden. Vår oppgave er å realisere foregående slekters ønsker for og drømmer om fremtiden – vår tid – bringe verden nærmere forløsningen og, i tråd med Benjamins marxistiske orientering, det klasseløse samfunn: mot en fredeligere og mer retteferdig verden.

«På Gamletun i Europa» er langt fra en like politisk tekst, men gitt at også denne novellen kan sies å reflektere over det temaet som oftest går igjen i Herbjørnsruds forfatterskap – historien som bare gjentar seg – kan Benjamins teser bidra til å sette fortellerens melankoli i perspektiv. Jeg tenker igjen på Eliots *The Waste Land*, der Teiresias jo også fungerer som en varsler av ulykker. Ja, er ikke Eliots dikt på sett og vis en refleksjon over de ulykkene Teiresias spådde? Om Blinde-Margjit får man høre noe lignende. Fortelleren anfører at «[b]likket hennes danset i villelse omkring i hundreårene», før han legger til: «Nå så hun det som ingen andre kunne eller ville se» (320, 319). Hva er det hun ser? Og hva er det hennes samtidige ikke vil se? Fremtidens ulykker, slik de er antydet i teksten hun forekommer i? Det er ikke godt å si sikkert. Men Herbjørnsruds trofaste lesere vet at når tilsvarende formuleringer dukker opp i en novelle tre samlinger senere, er det i forbindelse med varsler om kommende katastrofer på jorda. Diktet «Cain og Abel» er nettopp et dikt som, etter sigende, har «sett for mye» – ja, som stirrer «øyelokksløst inn i en framtid som» ingen av oss er sterke nok til å skue». Kunne man så hevde at fortellerens melankoli like mye kan forklares ut fra historiske forhold som mer personlige, at molltonen i teksten også skyldes at vi, for å låne Benjamins ord, har brutt avtalen med fortiden? En slik lesning ligger som en mulighet i teksten.

Like fullt er «På Gamletun i Europa» en av få noveller i Herbjørnsruds forfatterskap som ikke vektlegger erindringen som noe smertefullt. Tvert imot bidrar erindringen her sterkt til å gi fortellerens nåtid mening. Fortelleren forsøker å gjenopprette gjensidigheten mellom det fjerne og nære, fortid og nåtid, både gjennom rekonstruksjonen av Blinde-Margjits vise – og ved å gjøre seg selv til en av sagnets mange (gjen)fortellere. For store deler av «På Gamletun i Europa» *er* en gjenfortelling i benjaminsk forstand – forskjellen er bare den at vår forteller strengt tatt ikke har noen lyttere, bare lesere. Er det vissheten om dette som har latt fortelleren gjøre 1616 til et så sentralt årstall i teksten? Hele tre ganger i løpet av novellen får leseren høre at dette er året Blinde-Margjit dør og visa om Augemannen sluttføres (311, 320, 321). Men 1616 er som kjent også det året Shakespeare og Cervantes dør, og året, eller strengt tatt bare noen måneder, i forveien ble andre og siste del av Cervantes' *Don Quijote* utgitt, boka som omtales som den første roman. Vi snakker med andre ord om tidsrommet for romanens frembrudd, eller med Benjamin: starten på fortellingens undergang. At fortelleren i «På Gamletun i Europa» lar det samme tidspunktet markere visas fødsel, understreker novellens interesse for forholdet mellom muntlighet og skriftlighet. Men, kan man ta seg i å tenke, er det ikke først og fremst fristende å tolke dette sammenfallet som et uttrykk for ønsket om å omskrive den benjaminske undergangshistorien, undersøke om det virkelig kan være så ille stilt – med oss, *sena tiders barn*? I den grad novellen gir et svar, er det likevel ikke så oppløftende som man kunne håpe. For når alt kommer til alt, forblir fortelleren taus, taus om det som skjer i verden rundt ham, taus om sin egen tid, taus om det som rører seg i *hans* Europa.

171

Til slutt

Jeg er forlengst kommet til den konklusjon at det er menings-
løst å søke etter konsekvens i menneskers atferd.

(Herbjørnsrud 2003: 222)

Det har handlet mye om ulike former for gjentagelse i denne
boka. Kanskje måtte derfor de avsluttende betraktningene
komme til å dreie seg om gjenlesningens betydning? Alle teks-
ter forandrer seg, om enn på forskjellige måter og i forskjellig
grad, for hver gang man leser dem om igjen. Det underlige
– eller ironiske, nesten – med Herbjørnsruds noveller er at det
som først og fremst forandrer seg for hver lesning, er nett-
opp gjentagelsene: hvordan man forstår dem, og hvordan man
vektlegger dem innenfor forfatterskapets større helhet. Dette
gjelder spesielt karakterenes gjentagelser av fortidige hendel-
ser. Herbjørnsruds forfatterskap er dystert og uforsonlig, skrev
jeg innledningsvis, og hadde blant annet karakterenes gjentag-
ende og deterministiske handlingsmønster i tankene. Jeg mener
nok fortsatt det samme, men tror også at påstanden kan, og
bør, nyanseres. Én ting er de betydelige unntakene som tross
alt finnes. «Gjesterommet 1966» og «På Gamletun i Europa»
har begge en mildhet ved seg, en mildhet som et stykke på vei
bidrar til å motvirke det mørket som også hviler over deler av
disse tekstene. Det samme kunne man hevde om «Svev», der

172

alt det hovedkarakteren, Inga Helene Gulsvik, ikke vet om seg selv, forbindes med frihet, åpenhet og livsglede, og ikke – som eksempelvis for karakterene i «Vi vet så mye» – med uro, fare og fortrengning: «At ingen kjenner meg. At jeg ikke kjenner meg selv. At jeg er inga Helene. At jeg er en gåte ingen kan løse. Og i den gåten bor min frihet» (118). En annen ting er at det også finnes andre, og mer løfterike, måter å forstå karakterenes gjentagende handlingsmønstre på, enn de jeg har diskutert i de foregående kapitlene.

I sluttfasen av arbeidet med denne boka kom jeg over den lille artikkelen «Erinnern, Wiederholen und Durcharbeiten», der Freud, med utgangspunkt i forholdet mellom gjentagelse og erindring, forsøker å forklare psykoanalysen som teknikk og metode. De metodiske refleksjonene er interessante nok i seg selv, men det er særlig det Freud skriver om gjentagelsestvang, som slo meg som relevant for det som er på spill i flere av Herbjørnsruds noveller. I enkelte tilfeller gjentar vi i stedet for å erindre, hevder Freud, vi husker ingenting av det vi har glemt og fortrengt, og reproduserer det heller ikke som et minne – men som en handling. Vi gjentar det glemte, uten å vite at det er dét vi gjør (Freud 1946: 129). Poenget for Freud er at også disse gjentagelsene kan være en måte å arbeide seg gjennom traumatiske opplevelser på; psykoanalytikerens oppgave er å gjøre oss oppmerksomme på den motstanden – for en motstand er det jo, selv om vi ikke er oss den bevisst – vi viser mot det å erindre og det å forholde oss til bestemte hendelser. Når vi så vet at handlingene våre er gjentagelser, og at de rommer et minne om noe, kan vi også fylle ut hull i vår egen erindring, vår egen historie.

Nå skal man være forsiktig med direkte å tillegge litterære tekster og litterære karakterer et ubevisste. Freud selv nølte riktignok ikke med å nærme seg litteraturen på denne måten, men et sentralt spørsmål er naturligvis om ikke begrepet om det ubevisste i flere henseender forutsetter en virkelig og levende person. Generelt tror jeg likevel Freuds begreper kan egne seg godt som et utgangspunkt, ja, som et slags springbrett for lesningen av enkelte bøker, og at det gir mening å snakke om ulike grader av bevissthet også i forbindelse med litterære tekster. Ingen vil vel nekte for at det i de aller fleste tekster – de beste, ikke minst – finnes elementer som ikke er villet eller ment å skulle være der? Når det gjelder Herbjørnsruds noveller, slutter jo de aldri å minne om sin egen opptatthet av alt det som befinner seg under overflaten – under jorda, under fornuften, under hver enkelts himmel – men har de dermed sagt full oversikt over alt som foregår innenfor eget univers? Jeg spør, fordi jeg etter å ha lest de tre novellene på nytt, igjen tok meg i å tenke på dette med uforsonlighet: Kan det heller være slik at Herbjørnsruds noveller insisterer på sitt eget mørke, uten alltid å lykkes *helt*? Selv de dystreste novellene rommer – uvillet, tror jeg – perspektiver man ville kunne omtale som formildende.

Ta for eksempel «Vi vet så mye»: Novellens univers er unektelig deterministisk, verken fortelleren eller naboen klarer å komme seg vekk fra de løypene fortidens mennesker har tråkket opp for dem, men det *er* også en novelle som liksom ikke tillater karakterene å se de åpningene, de forskyvningene som tross alt finnes. For i tråd med Freuds resonnement i «Erinnern, Wiederholen und Durcharbeiten» kan karakterenes handlinger òg forstås som en måte å bearbeide, og ikke bare blindt gjenta, fortiden på. Når fortelleren hjelper naboen med å skyve lokket over brønnen i heimeskogen, kan handlingen, slik jeg har bemerket, leses som et forvrengt forsøk på å overskride fortiden, og i dette forsøket ligger det også en visshet om at det den gang, under krigen, var noen som valgte å være redningsmenn – og noen som ikke valgte det. Gjennom handlinger som dette erindrer fortelleren det han ellers unnviker, ikke helt orker å forholde seg til. Dermed blir han vel heller ikke stående på stedet hvil? Det skjer en forskyvning, leseren øyner en åpning, men novellen lar aldri fortelleren selv se den, slik denne mulige veien ut av mørkets hjerte, for å parafrasere fortelleren (649) – som igjen vel har Joseph Conrads berømte roman, *Mørkets hjerte*, i tankene, en roman man vet omhandler et annet av det tjuende århundrets folkemord – forblir uutforsket, blokkert nesten, i novellen som helhet.

Innledningsvis i tittelnovellen i *Han* lar Herbjørnsrud fortelleren tenke for seg selv: «Jeg er forlengst kommet til den konklusjon at det er meningsløst å søke etter konsekvens i menneskers atferd» (222). Om de først skulle uttale seg eksplisitt om saken, ville nok de fleste av Herbjørnsruds karakterer – vel, med unntak av Kåre Rom – komme fram til det samme. Men novellene? Er det ikke en slik form for konsekvens, hver for seg og samlet, de til syvende og sist søker? I hvert fall har man å gjøre med et forfatterskap som aldri slutter å spørre hvorfor vi handler som vi gjør, hvorfor verden er som den er, hvorfor heller ikke litteraturen alltid kan overbevise oss om at alt kan se annerledes ut. Men også dét, må man avslutningsvis kunne legge til, er en form for gjentagelse.

Varm takk

til Jonas for fine samtaler; til Henninge og Inês, Trude, Tor og Irene – alle sammen for rause, kloke og kritiske innspill; og til Marianne for vrange spørsmål.

LITTERATURLISTE

Adorno, Theodor W. 1972. «Engagement» [1962], overs. Hans Christian Fink, i *Kritiske modeller*, red. Claus Clausen og Ole Klitgaard. København, ss. 101–126

Adorno, Theodor W. 2006. *Minima Moralia* [1951], overs. Arild Linneberg. Oslo

Agamben, Giorgio. 2002. *Remnants of Auschwitz. The Witness and the Archive* [1999], overs. Daniel Heller-Roazen. New York

Améry, Jean. 1994. *Ved forstandens grenser. En overlevendes forsøk på å overkomme det umulige* [1966], overs. Lasse Tømte. Oslo

Amundsen, Leiv. 2008. *Henrik Wergeland* [1977]. Oslo

Arendt, Hannah. 1998. *Eichmann i Jerusalem. En beretning om det ondes banalitet* [1963], overs. Johan Ludwig Mowinckel. Oslo

Arendt, Hannah. 1951. *The Origins of Totalitarianism*. New York

Ariès, Philippe. 1981. *The Hour of Our Death* [1977], overs. Helen Weaver. New York

Aristoteles. 1999. *Den nikomakiske etikk*, overs. Anfinn Stigen. Oslo

Austern, Linda Phyllis. 2003. »'All Things in this World is but the Musick of Inconstancie': Music, Sensuality and the Sublime in Seventeenth-Century Vanitas Imagery», i *Art and Music in the Early Modern Period*, red. Katherine A. McIver. Aldershot, ss. 287–332

Bauman, Zygmunt. 1998. *Moderniteten og Holocaust* [1989], overs. Mette Nygård. Oslo

Benjamin, Walter. 1991a. «Historiefilosofiske teser» [1942], i *Kunstverket i reproduksjonsalderen*, overs. Torodd Karlsten. Oslo, ss. 94–103

Benjamin, Walter. 1991b. «Fortelleren» [1936], i *Kunstverket i reproduksjons-alderen*, overs. Torodd Karlsten. Oslo, ss. 179-201

Beyer, Edvard (red.). 1971. *Perler i prosa.* Oslo

Bibelen. 1994. Det norske Bibelselskap

Blake, William. 1988. *The Complete Poetry and Prose of William Blake*, red. David V. Erdman. New York

Bloom, Harold. 1996. *Vestens litterære kanon* [1994], overs. Jan Brage Gundersen. Oslo

Bloom, Harold. 1997. *The Anxiety of Influence* [1973]. New York

Borges, Jorge Luis. 1969. *The Book of Imaginary Beings*, overs., og revidert i samarbeid med, Norman Thomas di Giovanni. New York

Brewster, David. 2010. *Memoirs of the Life, Writings, and Discoveries of Sir Isaac Newton* [1855], vol. II. London

Dimow, Joseph. 2004. «Resisting Authority: A Personal Account of the Milgram Obedience Experiments», i *Jewish Currents*. New York, http://www.jewishcurrents.org/2004-jan-dimow.htm, nedlastet 18.12.2007

Donne, John. 1987. «Devotions upon Emergent Occasions» [1624], i *Selected Prose*, red. Neil Rhodes. Harmondsworth, Middlesex, ss. 99–137

Eliot, T.S. 1975. *The Waste Land and Other Poems* [1922]. London

Fløgstad, Kjartan. 1989. *Dalen Portland* [1977]. Oslo

Fløgstad, Kjartan. 1998. *Kron og mynt.* Oslo

Freud, Sigmund. 1946. «Erinnern, Wiederholen und Durcharbeiten» [1914], i *Gesammelte Werke*, bind 10. London, ss. 126–136

178

Freud, Sigmund. 1947. «Das Unheimliche» [1919], i *Gesammelte Werke*, bind 12. London, ss. 229–268

Freud, Sigmund. 1992. *Ubehaget i kulturen* [1929], overs. Petter Larsen. Oslo

Frobenius, Nicolai m.fl. 1998. «Jeg vil leve i verden som om jeg ikke levde i verden», i *Vinduet*, nr. 1/98, ss. 40–49

Gabrielsen, Bjørn. 2001. «Anti-noveller», i *Dagens Næringsliv*, 15.09.2001, s. 48

Gay, Peter. 2006. *Freud: A Life for Our Times* [1988]. London og New York

Gimnes, Steinar. 2007. «Alvorlig leik – leikande alvor», i *Iscenesettelse av jeget. Realisme og mystikk*. Notodden, ss. 17–34

Goethe, Johann Wolfgang von. 1960. *Goethes Werke*, bind 6, red. Erich Trunz. Hamburg

Grieg, Nordahl. 1966. *Samlede dikt* [1947]. Oslo

Hagen, Alf van der. 1996. *Dialoger II. Åtte forfattersamtaler*. Oslo

Hansen, Maurits. 1971. «Novellen» [1827], i *Perler i prosa*, red. Edvard Beyer. Oslo, ss. 19–30

Heaney, Seamus. 1975. *North*. London

Helland, Frode. 1999. «Hans Herbjørnsruds novellesamling Blinddøra. En lesning», i *Norsk litterær årbok*, red. Hans H. Skei og Einar Vanebo. Oslo, ss. 134–149

Herbjørnsrud, Hans. 1964. «Veien til Nobiskro. Dikterne og den første verdenskrig», i *Samtiden*, nr. 5/1964, upaginert

Herbjørnsrud, Hans. 2003. *Samlede noveller*. Oslo

Herbjørnsrud, Hans. 2006. *Brønnene*. Oslo

Herbjørnsrud, Hans. 2009. «Vesaas i verden», i *Det er slik òg. Blikk på Vesaas*, red. Kjell Ivar Skjerdingstad m.fl. Oslo, ss. 15–28

Hobsbawm, Eric. 1997. *Ekstremismens århundre. Det tjuende århundrets historie. 1914–1991* [1994], overs. Egil Johan Ree. Oslo

Holbye, Kjell Jørgen m.fl. 2002. «Hukommelsen er kald. Erindringen er varm», i *Bøygen*, nr. 3/2002, ss. 14–21

Johannesen, Georg. 2010. «Uskrevne strofer, 'Den første sommerfugl'», i *Agora* 1–2/10, ss. 130–134

Kertész, Imre. 2002. *Uten skjebne* [1975], overs. Kari Kemény. Oslo

Kertész, Imre. 2008. *K. mappe* [2006], overs. Kari Kemény. Oslo

Lagerlöf, Selma. 1963. *Gösta Berlings saga* [1891]. Stockholm

Levi, Primo. 2006. *Hvis dette er et menneske* [1958], overs. Tommy Watz. Oslo

Levinas, Emmanuel. 2004. *Den annens humanisme*, overs. Asbjørn Aarnes. Oslo

Mahood, M.M. 2008. *The Poet as Botanist*. New York

Milgram, Stanley. 1975. *Obedience to Authority. An Experimental View* [1969]. New York

Ottosen, Kristian. 1994. *I slik en natt: historien om deportasjonen av jøder fra Norge*. Oslo

Proudhon, Pierre Joseph. 1965. «Hva er eiendom» [1841], i *Sosialismen*, red. og overs. Jon Elster. Oslo, ss. 26–33

Randall, John Herman Jr. 1976. *The Making of the Modern Mind* [1926]. Columbia, New York

Rhodes, Neil. 1987. «Introduction», i *John Donne. Selected Prose*. Harmondsworth, Middlesex, ss. 7–32

Rottem, Øystein. 1998. *Norges litteraturhistorie. Vår egen tid. 1980–1998*, bind 8. Oslo

Sartre, Jean-Paul. 1998. *Hva er litteratur?* [1947], overs. Knut Stene Johansen. Oslo

Schiller, Friedrich. 2004. *Om menneskets estetiske oppdragelse i en rekke brev* [1795], overs. Sverre Dahl. Oslo

Schlegel, Friedrich. 2000. *Athenäums-fragmenter: og andre skrifter* [1798]. Overs. av Jesper Guldal. København

Shakespeare, William. 1998. *Hamlet*, red. G.R. Hibbard. Oxford

Skard, Sigmund. 1939. «Byron i norsk litteratur i det nittande århundret». Oslo

Skjerdingstad, Kjell Ivar. 2010. «'Andas fram mitt ansikte. En bøn?'. Litteraturen som meddelelse. Brev til Hans Herbjørnsrud», i *Brev. Til Jorunn på 70-årsdagen*, red. Per Thomas Andersen m.fl. Oslo, ss. 257–285

Solberg, Unni. 2007. «Innledning», i *Iscenesettelse av jeget. Realisme og mystikk. Kompendium fra Herbjørnsrud-seminaret 2005*, ss. 9–15

Solstad, Dag. 1994. *Roman 1987* [1987], Oslo

Sontag, Susan. 2006. «Å elske Dostojevskij» [2001], i Leonid Tsypkin, *Sommer i BadenBaden*, overs. av. Dagfinn Foldøy. Oslo, ss. 15–22

Stadler, Eva. 2000. *Die Funktion von Spiegeln und Spiegelungen in ausgewählten Erzähltexten Hans Herbjørnsruds*. München

Storsveen, Odd Arvid. 2008. *Mig selv: En biografi om Henrik Wergeland*. Oslo

Tenningen, Sigurd. 2006. «Fabula rasa. Erindring og språklig grensegang hos Hans Herbjørnsrud», i *Ratatosk* 1/2006, ss. 71–79

Ullmann, Linn. 1994. «Den tredje stemmen: Hans Herbjørnsruds tvisyn», i *Bøk*, ss. 77–88

Ustvedt, Yngvar. 1994. *Henrik Wergeland: en biografi*. Oslo

Wergeland, Henrik. 1918. *Samlede skrifter*, bind I, 1, red. Herman Jæger og Didrik Arup Seip. Oslo

Wergeland, Henrik. 1919a. *Samlede skrifter*, bind I, 2, red. Herman Jæger og Didrik Arup Seip. Oslo

Wergeland, Henrik. 1919b. *Samlede skrifter*, bind I, 3, red. Herman Jæger og Didrik Arup Seip. Oslo

Wergeland, Henrik. 1920. *Samlede skrifter*, bind II, 2, red. Herman Jæger og Didrik Arup Seip. Oslo

Wergeland, Henrik. 1922. *Samlede skrifter*, bind II, 5, red. Herman Jæger og Didrik Arup Seip. Oslo

Wergeland, Henrik. 1925. *Samlede skrifter*, bind IV, 3, red. Herman Jæger og Didrik Arup Seip. Oslo

Wergeland, Henrik. 1927. *Samlede skrifter*, bind IV, 5, red. Herman Jæger og Didrik Arup Seip. Oslo

Wergeland, Henrik. 1934. *Samlede skrifter*, bind III, 3, red. Herman Jæger og Didrik Arup Seip. Oslo

Wergeland, Henrik. 1937. *Samlede skrifter*, bind VI, 1, red. Herman Jæger og Didrik Arup Seip. Oslo

Wolfram, Stephen. 2002. *A New Kind of Science*. Champaign

Øverland, Arnulf. 1986. *Samlede dikt*. Oslo

Aarnes, Sigurd Aa. 1991. *«Og nevner vi Henrik Wergelands navn»: Wergeland-kultusen som nasjonsbyggende faktor*. Oslo

HANS HERBJØRNSRUDS FORFATTERSKAP

Vitner (1979)
Kåre Rom, dir., 46
Grete, 17
Frendeløs
Johannes Hauge, 63 år, bonde
Knut Rinde, 38, agronom
To ansikter. Tre stemmer

Vannbæreren (1984)
Svev
Jomfruen
Vannbæreren
Dubletter

Han (1987)
Han
Drenering 1963
Kartografer
Jens Helland

Eks og sett (1992)
På Gamletun i Europa

Eks og Sett
Jobben gjort
Hallgrim Flatin 1966

Blinddøra (1997)
Blinddøra
Avtrykk
Kai Sandmo

Vi vet så mye (2001)
Gjesterommet 1966
Vi vet så mye
Bent Klyvers lyseste besettelse

Brønnene (2006)
Mens tiden løper
Skjelettet og anatomiboka
Grenseløst
Sara, 1993
Dvergmål